대구 독립운동유적 120곳 답사여행 1

달서구 남구 편

책을 내면서

제5차 교육과정 국정 고등학교 국사 교과서는 "1910년대에 가장 활발하게 활동한 독립운동단체는 광복회"라고 소개했습니다. 1910년대 초는 망국의 충격과 일제의 무단통치에 짓눌려 독립운동을 시도할 마음조차 제대로 내지 못한 실의와 좌절의 한때였습니다. 그러한 엄혹한 시기에 광복회는 투철한 의지와 강인한 실천력으로 담대한 투쟁을 선도함으로써 1919년 독립만세운동과 의열단을 비롯한 의혈투쟁의 노둣돌을 놓았습니다.

"3·1운동 전야에 세인을 놀라게 한 장승원 사살"[1] 의거 등을 펼친 광복회를 두고 조선헌병대사령부는 조선총독에게 '3·1운동의 배경은 광복회의 활동'[2]이라는 요지의 평가보고서를 제출했습니다. 바로 그 광복회가 1915년 8월 25일, 다른 곳 아닌 바로 대구(!) 달성토성土城에서 결성되었습니다. 광복회 투쟁을 처음부터 끝까지 주도하고 독립 후에도 재건광복회 운동을 이끌었던 우재룡 독립지사의 흉상과 공적비가 대구 달서구 두류공원 '인물동산'에 세워져 있습니다.

---

1) 박성수, 《알기 쉬운 독립운동사》(국가보훈처, 1995).
2) 국학자료원, 《대정 8년 조선 소요 사건 상황》(1995),

대구사람들은 "해방의 그날까지 끝없는 항일 투쟁"[3]을 전개했습니다. 일본제국주의가 마지막 단말마의 폭악 행위를 일삼던 1941년 8월 대구사범학교 학생·교사·졸업생·학부모 들이 한꺼번에 300여 명이나 구속되었을 만큼 대구인들의 독립운동 의지는 끝없이 강렬했습니다. 대구사범학교 학생독립운동 기념탑도 두류공원 '인물동산'에 건립되어 있습니다.

우재룡 지사 흉상과 공적비, 대구사범학교 학생독립운동 기념탑 옆에는 대구가 낳은 민족문학가이자 독립유공자인 이상화 시인과 현진건 소설가의 시비와 문학비도 있습니다. 선열들의 독립운동정신을 이어받아 1960년대 자유당 독재 때 전국 최초로 민주화 시위를 일으켰던 대구 학생들의 2·28기념탑도 있습니다. 그런 뜻에서, 대구 독립운동 유적 답사의 출발점은 달서구 두류공원 '인물동산'이 가장 적절하지 않을까 생각합니다.

현진건을 학습하게 되면 대한민국임시의정원 의원 등을 맡아 독립운동에 매진하던 중 끝내 순국한 현정건(현진건의 셋째형) 지사와, 그의 정인으로써 최초의 여성 의열단원이었던 '사상 기생' 현계옥에 대해서도 알게 됩니다. 동아일보는 1925년 11월 3일 현정건과 현계옥이 중국으로 망명하기 이전 10대 때 "밤마다 밤마다 영찬못(영선못)이란 련못가에서 시간을 뎡하여 두고 보고 십흔 사람을 차자 애타는 마음을 눅혓다"

---

3) 김종규, 〈해방의 그날까지 끝없는 항일 투쟁〉, 《역사 속의 대구, 대구 사람들》(중심, 2001).

고 보도했습니다. 그 연못 자리가 바로 대구교육대학교 맞은편의 남구 영선시장입니다.

지금까지, 대구 독립운동 유적 답사를 달서구와 남구 지역에서 먼저 실시하는 까닭을 말씀드렸습니다. 이는 바꿔 말씀드리면 동구, 북구, 중구, 수성구, 달성군, 군위군 지역의 독립운동 유적 답사에 도움이 될 만한 책도 앞으로 펴내겠노라 약속을 미리 밝힌 것입니다. 이렇게 지역별로 분권을 해서 출간하는 까닭은 대구 전역의 독립운동 유적을 한 권에 담는 경우 600~700쪽을 넘어 읽기에도 들고 다니기에도 어렵게 되기 때문입니다.

독자들의 이해와 정서적 감동을 돕기 위해 곳곳에 소설 기법의 해설을 도입했습니다. 쓰기가 일반 설명문에 견줘 비교할 수 없을 만큼 힘들었지만, 그래도 집필을 마치고 나니 스스로 '잘했다!' 싶어 흐뭇하게 느껴집니다. 아무쪼록 이 책이 대구 독립운동 유적 답사에, 나아가 우리 사회에 건강한 시민정신이 확산되는 데 보탬이 되기를 소망합니다.

2024년 9월 2일
현진건 탄생 124주년에
정만진 드림

대구 독립운동유적 120곳 답사여행 1

달서구 남구 편

1-9. 두류공원 인물동산 (배치도 * 58)
  1. 대구사범 학생독립운동 기념탑 * 09
  2. 박희광 흉상, 기념비 * 18
  3. 우재룡 흉상, 공적비 * 22
       1910년대 대표 독립운동단체 광복회 * 24
  4. 조기홍 흉상, 기념비 * 29
  5. 현진건 문학비 * 31
       일장기 말소 의거와 현진건 * 34
       현경운·이일우 두 가문의 인연 * 37
       현진건·이상화 가곡 '친구야' * 41
       현진건 소설 읽기 * 164
       고향 * 165
       운수 좋은 날 * 174
       술 권하는 사회 * 192
  6. 이상화 좌상, 시비 * 43
       '빼앗긴 고향'과 윤봉길 * 47
  7. 이장희 시비 * 53
  8. 백기만 시비 * 55

9. 최양해 흉상, 한시비 * 56
10. 백남채 묘비 1919년 대구 독립만세운동 주역 * 59
11. 서상일 좌상 조양회관을 건립한 '대구의 인물' * 64
   조양회관 * 68
12. 태극단 기념탑 대구상업학교 학생들, 독립을 꿈꿨다 * 71
13. 첨운재 조선국권회복단 통령 윤상태 유적 * 78
14-16. 월곡역사공원 대구 독립운동의 한 축 우씨 문중 * 84
   14. 파리장서비 * 85
   15. 우하교 비 * 86
   16. 우병기 비 * 91
17. 이장가 문화관·상화 기념관 우현서루부터 '빼앗긴 들'까지 * 98
   우현서루 설립 * 99
   조선 말기 국권회복운동의 흐름 * 109
   이일우·이상정·이상화 * 117
18. 김병욱 송덕비 걱정 없는 세상을 꿈꾼 학생들 * 129
19-21. 앞산 큰골 * 19. 이시영 순국 기념탑 * 131
   20. 임용상 흉상 * 132
   21. 송두환 흉상 * 136
22. 앞산 안일사 조선국권회복단 창립지 * 138
   조선국권회복단 결성 * 139
   대구 권총 사건 * 146
23. 일본군 보병 80연대 주둔지 * 150
24. 영선 시장 현정건·현계옥 밀회 장소 * 154

대구사범 학생독립운동 기념탑
달서구 공원순환로 46 대구관광정보센터 맞은편

"눈서리가 땅을 덮어도 송죽은 푸름을 바꾸지 않고 총칼이 목숨을 겨눠도 지사는 뜻을 굽히지 않나니, 자연은 늘 푸른 나무들에 의해 아름다움을 더하고 인류역사는 불의에 항거하는 지조로 인해 바른 길로 나아감이라. 일제 군국주의 망령이 이 땅을 침탈하고 2천만 백의민족을 노예로 삼음에 4천여 년의 유구한 혈성의 민족 자존은 분연히 분기하였더라." (금석문 내용)

달서구 공원순환로 46 대구관광정보센터 맞은편
대구사범 학생독립운동 기념탑
교육자의 참모습을 보여준 대구사범학교 교사와 학생들

경북대학교 사범대학의 전신 대구사범학교는 1929년 개교 초기부터 상당수 학생들이 짙은 민족의식을 가지고 항일 운동에 뛰어들었다. 이 학교 학생들은 '역사와 조선어 강의를 담당했던 김영기 교사의 영향으로 민족의식을 가지게 되었고, 사회주의 사상을 지녔던 현준혁 교사의 영향으로 항일 조직 활동에 적극적이었다.'[1]

대구사범학교 학생들은 1기생들이 중심이 되어 '사회과학연구회'를 조직, 1929년부터 1934년까지 활동했다. 사회과학연구회는 단순 독서회가 아니라 비밀 결사였다. '민족 해방과 우리나라의 독립'을 목표로 했고, '실력을 양성해 독립을 준비'하려고 계획하였다. 사회과학연구회는 '대구사범 심상과(현재의 중등학교 해당) 민족운동의 시초'로서 '그 이후의 다혁당과 조선어연구회로 끝맺는 큰 뿌리'[2]였다.

---

1) 김종규, 〈해방의 그날까지 끝없는 항일 투쟁〉, 《역사 속의 대구, 대구 사람들》(중심, 2001), 249쪽.
2) 문덕길, 〈다혁당의 조직과 활동〉, 《대구사범 학생 독립운동》(대구사범학생독립운동동지회, 1993), 104쪽.

사회과학연구회의 조직과 활동 이외에도 대구사범학교 학생들은 항일 운동에 열성을 다했다. 개교 이듬해인 1930년 3월 31일에는 항일 비밀결사 '주먹대'가 일제 경찰에 발각되어 4명이 유죄 판결을 받았다. 1932년 1월 26일에는 현준혁 교사가 학생들에게 항일 의식을 불러일으키고 사회주의 사상을 고취한 일이 드러나 37명이 검거되었다.

1939년 7월 심상과 4~5학년 학생 200여 명이 경상북도 칠곡군 왜관 철도 보수 공사에 동원되었다. 이때 연습과 학생 200여 명도 함께 동원되었다. 연습과는 중학교 5학년 졸업 후 입학하는 1종 훈도(교사) 양성 제도로 대부분 일본인으로 구성되어 있었다.3)

7월 26일 밤에 '왜관 학생 항일 의거'4)가 일어났다. 며칠 전 양국 학생들 사이에 시비가 빚어졌을 때 일본인 교유(교사)들이 불공평하게 처리한 적이 있었다. 심상과 5학년(7기생)들은

---

3) 다혁당 당원이었던 문덕길은 앞의 글에서 '거기에 입학하는 학생은 대학 진학이나 취업에 낙오한 자들로서 학력이나 지능이 낮은 학생들이었다.'라고 증언하고 있다.

4) 당시 심상과 학생이었던 고령의 졸업생들이 모여 1984년 11월 5일 왜관 초등학교 교정에 기념비를 건립했다. 기념비에는 '이 자리는 1939년 7월 당시 대구사범 심상과 5학년들이 의거를 일으킨 이른바 왜관 학생 항일 의거 현장이다. 일본의 혹독한 억눌림에 시달리고 있던 때인지라 광주 학생 사건의 10주년을 맞아 그 정신을 되새기면서 일치 단결하여 그들에게 우리 민족의 분노를 터뜨린 지 이제 45년이 지나갔다. 돌이켜 보니 그때의 감개가 새로워져 여기 자그마한 돌이나마 하나 세워 기념하는 뜻을 나타내어 본다. 1984년 11월 5일 대구사범 심상과 7기생이 세우고 후배 동애 소호영은 쓰다'라고 새겨져 있다.

일본인 교유들 중 가장 악질적인 세 사람을 힘으로 규탄할 것을 결의했다.

학생들은 밤 10시 30분쯤 강본岡本 교유와 좌구간佐久間 교유를 모기장으로 덮어놓고 집단 구타했다. 구타 대상으로 지목했던 셋 중 전원前園 교유는 도망을 치는 바람에 놓치고 말았다.

이 일로 조선인 학생 고승석, 김재수, 김중정, 김희원, 박영섭, 정기현, 정인용 7명이 퇴학당하고, 그 외에 11명이 정학 처분을 받았다. 나머지 학생들은 근신 처분을 받았다.

일제는 사건이 알려질까 봐 '쉬쉬'하였다. 그 결과 대구사범 학생들 중에도 사건이 일어난 줄 모르는 이가 있을 정도였다. 하지만 4~5학년에 이어 1~3학년들이 같은 왜관 소학교(초등학교)에 근로 봉사대로 차출되어 오면서 소문은 번졌고, 민족적 의분이 일어났다.

8월 16일 밤, 권쾌복權快福, 배학보裵鶴甫(대구 신암선열공원 안장), 최태석崔泰碩(신암선열공원 안장), 김성권金聖權, 조강제趙崗濟, 최영백崔榮百, 문덕길文德吉 등 20여 명이 왜관 소학교 앞 낙동강 백사장에 모였다.

이들은 7기 선배들의 일본인 악질 교사 구타와 그 후 퇴학 등 처분을 받은 일의 진상을 알아볼 것과, 향후 대책을 강구하자는 데 의견을 모았다. 이 자리에서 9기(3학년) 학생들은 '백의단白衣團'이라는 이름의 비밀 결사체를 조직했다. 이들은 '비밀을 엄수한다. 명령에 복종한다. 자기 책임을 끝까지 완수한다. 친목과 단결을 도모한다.' 등 백의단의 강령을 채택하고 다음날 새벽 4시쯤 해산했다.

백의단은 1년 6개월 동안 활동을 이어오다가 '다혁당'으로 확대 개편되었다. 다혁당 출범에는 이미 결성되어 활동해온 '문예부'와 '연구회'가 큰 힘이 되었다.

문예부는 이전부터 우리나라 역사와 문학 등을 윤독하는 모임을 유지해오던 학생들이 결성했다. 1940년 11월 23일 봉산정 127 이태길李泰吉의 하숙방에 모인 5학년 박효준朴孝濬, 이태길, 박찬웅朴贊雄, 강두안姜斗安, 4학년 류흥수柳興洙, 이동우李東雨, 문홍의文洪義, 3학년 김근배金根培 등 8명이 창립 총회를 가졌다. 이후 4학년 박호준朴祜雋, 이주호李柱鎬, 조강제도 가입했다.

기관지 《학생》까지 발간하며 활동하던 문예부는 1941년 2월 중순 5학년(8기생)의 졸업을 앞두고 향후 활동 계획에 대해 논의했다. 졸업생들은 소학교 교사로 부임하는 즉시 활동을 개시하여 아동과 학부모들에게 민족의식을 일깨우고, 활동 상황을 매월 1회 박효준 동지에게 보고하며, 각자의 작품도 보내기로 했다. 그리고 9기생들은 조직을 계승, 강화하는 데 노력을 기울이기로 하였다.

그 무렵 8기생 사이에는 문예부보다 두 달 뒤인 1941년 1월 23일 동인동 소재 이무영李茂榮의 하숙집에 모인 임병찬林炳讚, 장세파張世播, 안진강安津江, 김영복金榮宓, 최낙철崔洛哲, 윤덕섭尹德燮, 이태길, 강두안 등 9명이 창립하고, 며칠 뒤 오용수吳龍洙, 이원호李元浩, 윤영석尹永碩, 박제민朴濟民, 양명복梁命福 등이 가입한 '연구회'도 활동하고 있었다(이태길과 강두안은 이때 문예부에도 가입해 있었다).

연구회는 동인동 251번지 박제민의 하숙방이나 대구 근교 솔밭에 모여 여섯 차례 발표회도 가졌지만 이내 졸업을 맞았다. 회원들은 경북 의성 안평 소학교(장세파), 충북 황간 남성 소학교(오용수), 강원도 영월금 소학교(이태길), 함경북도 나진 약초 소학교(최낙철) 등에 배치 받아 학부모와 학생들을 대상으로 민족의식 함양에 몰두하다가 그해 7~8월에 모두 구속되었다.

졸업을 앞둔 연구회 회원들은 학교를 떠나기 전에 후배인 9기생 류홍수(문예부 회원)에게 연구회의 계승을 부탁했다. 류홍수는 1941년 2월 10일 같은 학년 문예부 회원들인 이동우와 박호준의 남산정 681의 12번지 하숙방에서 문홍의, 이주호, 조강제 등과 모여 이 문제에 대해 협의했다.

1941년 2월 15일 오후 7시쯤 류홍수와 이주호의 봉산정 242번지 하숙방에 류홍수, 이주호, 권쾌복, 배학보, 최영백, 김효식金孝植, 김성권, 이도혁李道赫, 문홍의, 최태석, 이종악李鍾岳, 서진구徐鎭九, 문덕길, 이홍빈李洪彬, 박호준 등이 모였다. 대부분 백의단과 문예부의 회원이었던 이들은 이날 백의단, 문예부, 연구회를 발전적으로 해체하되 그 활동과 전통을 이어받는 '다혁당茶革黨'을 결성했다. 다혁당이라는 이름은 이홍빈이 제안했는데 '茶'는 영웅은 다색茶色을 좋아한다, '革'은 혁명革命을 일으킨다는 뜻을 담았다. 당수와 부당수는 백의단의 당수 권쾌복과 부당수 배학보가 그대로 유임했다.

다혁당은 독서 모임을 내부 활동으로 전개했다. 이는 백의단 때부터 해오던 일로 문예부장 이동우가 실무를 맡아 이끌었다. 회비를 모아 우리글로 된 역사 문화 서적을 구입하여 읽었는데 봉산정 108-1번지 배학보의 집에 두었다가 뒷날 대전 검찰청에 모두 압수되어 소각되었다. 당시 쓴 감상문들도 함께 불에 태워져 없어졌다.

《반딧불》

다혁당은 공휴일과 일요일에 앞산 정상에서 군사 훈련을 실시했다. 방학이면 고향으로 돌아가 야학을 열었다. 일제는 1939년부터 대구사범학교 학생들의 야학을 금지했다. 다혁당은 일본인이 다니는 대구중학 학생들이나 대구사범학교 연습과 학생들이 조선인 학생을 괴롭히면 '구타를 가하고' '교내 박물 교실 뒤편 플라타너스 숲으로 불러 철퇴를 가하며 꼼짝 못하게 하였다.'5)

1941년 8월 전국 각지에서 교사로 근무하던 대구사범학교 8기 다혁당 당원들이 일제히 일제 경찰에 검거되었다. 다혁당 기관지 《반딧불》이 일제의 손에 넘어가면서 활동 전모와 조직이 드러난 때문이었다. 교사들만이 아니라 재학 중이던 5학년 9기, 4학년 10기 당원들도 체포되기 시작했다. 이때 일제는 김영기 교사도 구속했고, 해외에 유학 중이던 당원까지 잡아왔다. 일제 경찰은 다혁당 당원 교사들과 친하게 지냈던 학부모들도 주목하여 전국적으로 300명이 넘는 사람들을 구속했다.

---

5) 문덕길, 앞의글, 118~119쪽.

체포된 다혁당 당원들은 충청남도 경찰국 고등계에서 조사를 받았고, 1941년 12월 7~8일 김영기 교사를 포함해 35인이 대전 형무소에 수감됐다. 지사들이 충청도로 잡혀가 조사를 받고 대전 형무소에 투옥된 것은 《반딧불》이 처음 일제 경찰에 들어간 곳이 충남 홍성이었던 탓으로 추정된다.6)

수감자들은 5~8년의 실형을 구형받았고, 최종적으로 2년6개월~5년을 언도받았다. 그 중 서진구, 박제민, 강두안, 박찬웅, 장세파 다섯 당원은 끝내 옥사했고, 열두 분은 고문 후유증으로 출옥 이후 순국하였다. 다섯 분 옥사자 외 스물아홉 분을 다시 한번 소개하면 아래와 같다.

뒷줄 왼쪽부터 이도혁, 박호준, 최영백, 이동우, 이주호, 배학보, 고인옥, 앞줄 왼쪽부터 김효식, 김성권, 문덕길, 문홍의, 이홍빈. 다혁당 활동으로 일제에 체포되어 투옥되었던 대구사범학교 9기 생들의 면면이다(1946년 2월 1일 사진).

5년(형량) 류홍수, 문홍의, 이동우, 임병찬, 3년6개월 권쾌복, 3년 김근배, 박호준, 2년6개월 김성권, 김영복, 김효식, 문덕길, 배학보, 안진강, 양명복, 오용수, 윤덕섭, 윤영석, 이도혁, 이무영, 이원호, 이종악, 이주호, 이태길, 이홍빈, 조강제, 최낙철, 최영백, 최태석

---

6) 김성권, 〈피검과 투옥〉, 《대구사범 학생 독립운동》, 134쪽.

문예부 회원과 다혁당 당원으로 활동했던 이주호는 대구사범학생독립운동동지회가 펴낸 《대구사범 학생 독립운동》(1993)에 게재한 〈3개 결사의 상호관계와 그 학생 독립운동사적 의의〉에서 '(대구사범학생들이 일으킨) 이 운동의 한국 학생 항일운동사적 의의'를 아래와 같이 정리했다. 이주호의 정리를 통해 대구사범학교 학생 항일 의거의 의의를 짚어본다.

첫째, 전통성을 지닌 학생운동 : 뿌리 깊은 전통 속에서 양성된 전통성과 맥락을 이은, 유례를 찾아볼 수 없는 학생 운동이다. '권(주먹)대 사건', '사회과학연구회'의 민족혼을 이어받아 기별마다 독서회를 조직하여 민족운동을 전개해 왔으며, 7기생의 왜관 봉기가 기폭제가 되어 8, 9, 10, 11기생의 문예부, 연구회, 다혁당, 조선어연구회의 결사로 그 전통을 맥맥히 이었다.

둘째, 조직성과 체계성을 갖춘 학생 운동 : 우연적, 일시적, 돌발적인 일과성을 띤 저항 운동과는 달리 의도적이며 계획적이고 조직적이며 체계적인 민족운동이었다.

셋째, 사제일체가 되어 일으킨 사제동행의 학생운동 : 독립운동가인 김영기 선생의 지도 원칙 아래 사제일체감으로 이루어진 학생운동인 만큼 치밀한 계획과 활력성을 띠었다.

넷째, 학생운동과 사회·민중운동을 병행한 2인3각식의 2원적인 학생운동 : 재학생으로서의 학생운동으로 끝난 것이 아니라, 재학생의 학생운동과 발맞추어 졸업생으로서의 사회·민중운동으로 폭넓게 병행한 운동으로 확산해 나갔다.

다섯째, 문화적·교화적 계몽운동으로서의 학생운동 : 교육문화 활동을 통한 계몽운동으로 민족의식 고취를 효율적으로 폭넓게 확산할 수 있었다.

여섯째, 지속적이며 일관된 학생운동 : 형사사상 그 유례를 찾아볼 수 없는 2년 4개월이란 장기 예심 독방에서 장독과 영양실조로 35명 중 5명이 옥사했음에도 불구하고 2년6개월~5년 실형을 복역했고, 빈사 상태로 출옥한 후에도 독립의 굳은 신념으로 끝까지 지조를 굽히지 않아 '조선 사상범 보호관찰령'에 의해 가택 구금, 군수 공장 등에서 노역에 시달리면서도 한 사람의 전향자도 없었다.

대구사범학교 항일학생의거 순절동지 추모비
중구 대봉동 60-18 경북대 사대부고(1973년 11월 3일 건립)

달서구 공원순환로 46 대구관광정보센터 맞은편
두류공원 인물동산
애국지사들이 남긴 불멸의 민족혼과 예술

    대구사범 학생 독립운동기념탑 왼쪽 앞에 **박희광 지사 흉상**과 **기념비**가 있다. 박희광朴喜光(1901~1970) 지사는 1901년 2월 15일 경북 선산군 상고면 봉곡리에서 태어났다. 12세 때 독립운동에 투신하겠다는 결심으로 압록강을 건너 망명했다.
    지사는 1924년 보민회保民會 초대 회장 최정규崔晶奎 암살을 기도했으나 성공하지 못했다. 최정규 암살 기도 사건은 당시 뤼순(여순) 일대에서 일어난 대표적 항일 투쟁으로 우리 독립지사들에게 큰 고무와 격려를 주었고, 친일파들에게는 엄청난 두려움을 안긴 거사였다.
    보민회가 1920년 만주에서 창립된 것은 대한제국 말기 일본의 한국 병합에 적극 앞장섰던 친일단체 일진회一進會(1904~1910)의 만주 지부가 부활한 격이었다. 보민회는 일진회 잔당 제우교도濟愚敎徒들을 중심으로 조직되었고, 최정규가 회장에 발탁된 것도 '한일 합방을 적극 추진한 일진회 잔당'으로서 '천도교 계열의 친일 신흥종교 제우교 교인이었기 때문'으로 일본 외무성 문서에 명시되어 있다.
    보민회는 일본 관동군의 지시를 받고 움직였다. 보민회 창립을 사주한 인물은 총독부 경무국의 아이바相場淸와 하얼빈 일본영사관 밀정 배정자裵貞子(161쪽 참조) 등이었다.

박희광 지사 흉상, 기념비

보민회 회원들은 창립 직후인 1920년 봄부터 만주 일대에서 첩보·밀고 활동을 펼쳤다. 독립군의 소재와 현황 등을 파악한 후 산하 무장 부대를 출동시켜 공격하였는데, 이 과정에 협조하지 않는 조선인 양민들을 협박·강탈·납치·학살했다. 한족회韓族會 총무 함덕호咸德浩, 독립군 장기정張基正, 독립군 헌병 신하영申夏永 등 수백 명 이상이 피해를 입었다.

당연히 보민회는 독립군의 중요 척결 대상이었다. 독립지사들은 보민회 주요 간부 이달현李達賢, 오촉흥吳蜀興, 배영걸裵永杰 등을 습격해 처단하고, 전투를 벌여 1천 수백 명 이상의 보민회 산하 무장 자위단을 죽였다.

초대 회장 최정규 암살 기도도 그 과정에 두 차례 추진되었다. 1924년 3월 유석정劉錫鼎이 처단을 시도했으나 실패했고, 1924년 6월 대한통의부7) 소속 박희광, 김병현, 김광추로 구성된 3인조 친일파암살대親日派討伐隊가 최정규의 집을 습격해 장모 이모 씨, 사위 박원식, 부하 허균을 처단했지만 최정규 본인은 재빨리 피신하는 바람에 제거하지 못했다.

박희광, 김병현, 김광추는 그해 6월 7일 임시정부 지시에 따라 봉천 일본총영사관에 폭탄을 투척한 후 이날 저녁 대서관大西關과 금정관金井館에서 군자금 탈취 사업을 벌였다. 그 과정에서 일본 및 중국 경찰과 총격전이 벌어졌다. 이때 김광추 지사는 현장에서 순국하고 박희광, 김병현은 체포되었다.

박희광 지사 동상(구미)

박희광은 뤼순 감옥에 18년 동안 갇혔다가 1943년 출옥했고, 독립 후 김구 선생 경호원으로 활동하다가 백범이 암살

---

7) 한국학중앙연구원《한국민족문화대백과》〈대한통의부〉: 대한통의부는 1922년 8월 만주에서 조직된 독립운동 단체이다. 1922년 2월에 조직되었던 대한통군부가 주도하여 개최한 남만한족통일회에서 항일독립운동을 효과적으로 전개하기 위해 조직하였다. 중앙부는 관전현 안에 있었으며, 12개소에 총영을 배치하여 일제의 기관을 파괴하고 주구배走狗輩를 숙청하는 데 주력하였다. 한편 기관지를 편집, 발행하여 민족정신을 선양하고 교육으로써 민중을 계몽하고자 힘썼다. 1923년 2월 의군부義軍府와 대한군민부大韓軍民部 등이 결성되면서 분열되었다가 참의부·정의부 등에 흡수되어 대한민국임시정부 밑으로 들어갔다.

되자 대구로 내려와 은거했다. 1968년 건국훈장 독립장을 받았다. 구미 금오산 아래에도 동상이 세워져 있다.

[박희광 지사와 배정자] 배정자는 1870년 경상남도 김해에서 출생했다. (중략) 일본으로 건너가 사다코[貞子]로 개명하고 이토 히로부미伊藤博文로부터 철저한 정보원 교육을 받았다. 1894년 일본어 통역 명목으로 귀국해 신분을 숨기고 고종에게 접근, 정치 정보를 빼내는 등 고급 밀정으로 활동했다.

(중략) 1920년에는 조선총독부가 만주 지역에 설립한 첩보단체 만주보민회에 가입해서 활동했고, 1920년 일본군의 시베리아 출병 때는 봉천의 일본 총영사관 직원으로 만주, 시베리아를 오가며 군사 스파이로 활약했다. 그 뒤 조선총독부 경무국장 마루야마 쓰루기치丸山鶴吉의 지령을 받아 만주와 중국을 오가며 만주, 간도, 상하이, 중국 본토 등지에서 활동했다. 1927년 당대 친일파 및 일본인들의 두려움의 대상이었던 대한통의부 비밀암살단 박희광朴喜光의 위협을 피하기 위해 은퇴했다.

태평양전쟁이 발발하자 일본군 위안부 송출 업무를 맡아 70 노구에도 조선인 여성 100여 명을 '군인 위문대'라는 이름으로 남양군도까지 데리고 가 일본군의 위안부 노릇을 강요했다. 해방 후 야산에 숨어 살다가 반민족행위처벌법에 의해 1949년 체포, 구속되었다. 1952년 2월 27일 사망했다. - 한국학중앙연구원《한국민족문화대백과》〈배정자〉발췌 요약 ▌

박희광 지사 흉상 왼쪽 뒤편에 **우재룡 지사 흉상**과 **공적비**가 있다. 우재룡禹在龍(1884~1963) 지사는 1884년 1월 3일 경상남도 창녕군 지포면(현 대지면) 왕산리에서 아버지 우방희禹邦熙와 어머니 강부여姜富與의 5녀1남 중 막내로 태어났다.

지사는 18세 되던 1902년 구한말 한국 군대인 '대구 진위대'에 입대했다. 그는 대구진위대 3대대에서 근무하고 있던 1906년 7월 '대구 감옥'에 수감 중인 산남의진山南義陣 창의장倡義將 정용기鄭鏞基를 운명적으로 만난다. 전국의 애국지사들이 정용기를 출옥시키기 위해 뜨거운 석방 활동을 펼치는 것을 보고 감동한 우재룡은 독립운동에 투신하기로 결심한다. 1907년 일제가 한국 군대를 해산시킨다. 대구진위대에서 5년 동안 근무했던 대한제국의 군인 우재룡은 집으로 가지 않고 산남의진을 찾아간다. 그의 나이 당시 24세였다.

1907년 7월 12일 산남의진 연습장練習將(훈련 담당 장교) 우재룡은 처음으로 출병한다. '(우재룡 등) 군인들이 의병들의 훈련을 담당하면서 전투력이 크게 향상된(국가보훈처 《2009년 1월의 독립운동가 **우재룡 선생**》)' 산남의진군은 7월 17일 청하 전투, 8월 24일 영천 노항동 전투 등에서 승리를 거둔다. 하지만 9월 1일 포항 죽장 입암에서 대패한다. 이 전투에서 대장 정용기, 중군장 이한구, 참모장 손영각, 좌영장 권규섭 등 핵심 장수들을 잃었고, 병사들도 19명이 전사했다.

우재룡은 흩어진 군사들을 모으는 한편 선봉장先鋒將의 어려운 직책을 자임해 의병들의 사기를 높였다. 우재룡 등은 전사한 정용기(1862~1907)의 아버지 정환직鄭煥直(1847~1907)을 찾아 세상을 떠난 아들을 대신해 의병장을 맡아달라고 청하였다. 의병을 일으키라는 고종의 명을 받들어 영천 일대에서 창의한 후 아들 정용기를 의병장으로 내세웠던 정환직은 61세 고령도 아랑곳하지 않고 대장 역할을 수락했다.

정환직은 영천과 청송 사이 보현산 등 험지를 근거지로 삼아 유격전을 펼쳤다. 동해안 청하, 흥해, 영덕 등지가 산남의진 주 활동 무대였다. 하지만 포항 죽장면 상옥리, 지금의 경북수목원 동편 계곡에서 일본군과 접전을 벌이던 정환직 의병장이 적에게 붙잡혀 1907년 12월 20일 순국하고 말았다.

산남의진은 1908년 3월 흥해 출신의 최세윤崔世允을 3대 의병장으로 추대하여 조직을 재정비했다. 그 이후 정환직 의

우재룡 지사 공적비, 흉상
(대구사범학교 학생독립운동 기념탑이 뒤로 보인다)

병장 때 추진했던 관동 지역으로의 북진을 포기하는 대신 경상도 일원이라도 튼튼하게 확보하기로 결의했다. 이제 우재룡은 영천 서부 지역 책임을 맡게 되고, 동화사를 본부로 팔공산 일대에서 유격전을 펼치게 된다.

그러나 산남의진의 활동은 의병장 최세윤과 선봉장 우재룡이 일본군에 체포되는 1908년 여름 사실상 마감된다. '내란죄'로 종신형 처분을 받아 복역하던 우재룡은 1911년 '합방특사'로 풀려나지만 다시 광복회 활동을 시작한다.

광복회는 1910년대를 대표하는 국내 무장 독립운동 단체로, 경상북도 풍기의 광복단光復團과 대구의 조선국권회복단朝鮮國權回復團이 통합되면서 전국의 지사들을 두루 규합해 1915년 8월 25일 달성공원에서 결성되었다.

광복회는 국권 회복과 독립 달성에 설립 목적을 두었고, 만주에 무관학교를 설립하여 독립군을 양성하고, 무력이 갖춰지면 일제와 전쟁을 치른다는 계획에 따라 행동했다. 조직은 본부에 총사령 박상진朴尙鎭, 지휘장 우재룡禹在龍, 권영만權寧萬, 그리고 재무부와 선전부를 설치했다.

또 1915년 12월 만주 길림吉林에, 국내와 만주를 오가며 수많은 독립운동가들을 만난 우재룡의 노력으로 주진수朱鎭洙, 양재훈梁載勳, 손일민孫一民, 이홍주李洪珠 등이 참여한 '길림 광복회'가 창립되었다. 길림광복회는 광복회의 만주지부였다. 만주 부사령에는 이석대李奭大를 임명했고, 이석대가 순국한 후에는 김좌진金佐鎭을 파견했다.

우재룡 평전(이성우)

소설 광복회(정만진)

광복회는 만주 지부만이 아니라 경기도 지부장 김선호金善浩, 황해도 지부장 이관구李觀求, 강원도 지부장 김동호金東浩, 평안도 지부장 조현균趙賢均, 함경도 지부장 최봉주崔鳳周, 경상도 지부장 채기중蔡基中, 충청도 지부장 김한종金漢鍾, 전라도 지부장 이병찬李秉燦 등 전국에 지부를 두었다. 한국학중앙연구원 《한국민족문화대백과》는 '경상도·충청도·황해도 지부가 가장 규모가 컸으며 활동도 활발했다.'라고 소개한다.

광복회는 경북 영주, 대구, 삼척, 광주, 예산, 연기, 인천, 중국 단동, 장춘 등 국내·외 곳곳에 연락기관을 두었다. 대부분 곡물상회를 차려 운영했다. 회원들은 곡물상회에 모여 회의도 하고, 군자금 모집 및 의혈 투쟁 활동 본거지로 활용했다.

군자금을 마련할 겸 일제가 징수한 세금을 탈취하기 위해 경주 광명리에서 우편마차를 공격하기도 하고, 일본인 소유의 영월 중석광과 운산 금광 수송마차를 공격하기도

했다. 위조지폐도 만들고, 대구 일원 부호들을 상대로 자금을 모집하다가 회원들이 체포되기도 했다.

광복회는 친일 분자들의 경각심을 일깨울 겸 자금모집을 원활하게 추진하기 위해 그들을 처단하는 투쟁도 전개했다. 의협 투쟁은 경상도, 충청도, 전라도에서 이루어졌다. 그러나 1918년 1월 총사령 박상진을 비롯해 김한종·임세규林世圭·김경태金敬泰·채기중이 사형선고를 받아 순국하고, 다수의 회원들이 체포되고 말았다. 당시 만주에서 활동 중이던 우재룡은 소식을 듣고 귀국을 미루었다가 1919년 기미독립만세운동 직후 국내로 돌아와 광복회 재건운동을 벌였다. 하지만 결국 군산에서 조직 활동을 중 일제에 피체되어 다시 무기징역형을 선고받았다.

광복회는 국내 독립운동이 제대로 펼쳐지지 못했던 1910년대에 과감한 활동을 전개함으로써 민족역량이 3·1운동으로 계승되는 기반을 마련했다. 또 활발한 무장투쟁을 펼쳐 의열단 등 1920년대 의열 투쟁의 선구적 역할을 감당했다. 제5차 고등학교 국정 국사 교과서는 "1910년대에 가장 활발하게 활동한 독립운동단체는 광복회였다"라고 기술했다. 그런데! 달성'공원'에는 광복회를 말해주는 안내판 하나 없다!

2024년 7월 4일 독립기념관에 '백산 우재룡 어록비'가 제막되었습니다. 1921년 11월 1일 경성지방법원에서 열린 신문 때 조선총독부 나카시마 유조우永島雄藏 판사가 "무력으로 일본의 통치를 벗어나는 일이 가능한 일이라고 생각하고 있었는가?"라고 묻자 우재룡은 당당하게 말했습니다.

"조선이 일본의 통치로부터 벗어나는 것이 가능하다, 불가능하다는 것에 대하여는 생각한 바 없다. 다만, 국권 회복을 도모하는 것은 조선인의 의무다." (어록비)

다음은 제막식 때 낭송된 박지극 시인의 기념시 〈**조선 호랑이의 큰 울음소리** – 백산 우재룡 선생 어록비 제막 헌시〉입니다.

1921년 11월 1일
백산은 쩌렁 쩌렁 총독부 법정을 호령했다

"이천만 조선인의 의무로 나 여기에 서 있노라"

묶여 있으되 그의 영혼은 자유였다

묶여 있는 백산을 어쩌지 못해 안절부절 하는
나카시마 판사를 향해

"나 백산은 조선인의 의무로 여기에 서있노라
국권회복은 조선인에게는 하늘의 뜻이다
너희들이 나를 어쩌지 못하는 이유가 여기에 있다
나는 나의 길을 갈 뿐이로다"
그들의 두려움이
떨리는 목소리 되어 법정 천정을 울린다

"사형 구형 땅 땅 땅!"
"무기징역에 처함 땅 땅 땅!"

묶여 있어도 그는 조선의 호랑이였다

선생 이시여! 백산 이시여!
여기 독립기념관 뜨락 양지에
광복 대한민국의 이름으로
조선 호랑이의 우렁찬 울음소리를 빗돌에 새겨 세우니
백산 선생이 목소리로 다시 태어나셨습니다

그대를 사모하는
조선 호랑이의 큰 울음을 그리워하는

흰 옷의 동포들이 모여
백산 선생이 광복의 양지에 오심을 진심으로 환영합니다
흠향하소서!

백산이시여!
여기는 선생의 염원이 영글어 이루어진
자유로운 광복의 대한민국입니다 ▌

조기홍 지사 묘소
표석(신암선열공원)

조기홍 지사 흉상과 **기념비**가 우재룡 지사 흉상과 기념비 왼쪽 뒤쪽에 있다. (국가보훈부 독립유공자 공훈록에 따르면) 조기홍趙氣虹(1883~1945) 지사는 "대구 계산동2가 18이 본적인 대구 사람"이다. 지사는 1919년 임시정부 특파원 강태동姜泰東·이정래李丁來로부터 받은 동포 관공리의 사직을 권고하는 전단, 임시정부 내무총장 이동녕李東寧 명의의 독립운동 촉구 포고문, 상인들의 폐점을 권유하는 포고문 등을 최익무崔武·서상하徐相夏·이종선李鍾善과 협력해 수백 매씩 등사한 후 〈대한민보大韓民報〉·독립축하가獨立祝賀歌와 함께 대구

시내 각 사립학교와 상점에 배포하여 민족의식 고취에 힘썼다.

이 일로 지사는 징역 1년형을 선고받고 대구형무소에서 옥고를 치렀다. 출옥 후 1920년 6월 하순 양한위梁漢緯·권태일權泰鎰 등과 대구 남문시장에서 여러 차례 독립운동 방안을 논의, 조국 독립을 촉진하기 위해서는 일제에 협력하는 반민족행위자 관공리 처단이 필요하다는 데 뜻을 모았다. 그래서 폭탄을 제조해 대구 비파산琵琶山(비슬산)에 숨겨둔 채 기회를 기다리던 중 일경에 피체되었다.

지사는 대구지방법원에서 징역 3년6월형을 선고받아 옥고를 치렀다. 출옥 후에도 지사는 항일독립운동을 계속하던 중 1943년 일경에 붙잡혀 가혹한 고문을 당했고, 그 여독으로 1945년 8월 2일 순국했다. 정부는 고인의 공훈을 기려 1990년 건국훈장 애족장(1968년 대통령표창)을 추서했다.

조기홍 지사가 독립운동을 위해 무기를 숨겨두었던 비슬산

현진건 문학비가 조기홍 지사 흉상에서 앞쪽으로 도로를 향해 나오면 나타난다. 현진건玄鎭健(1900~1943)은 대구가 낳은 걸출한 민족문학가로, 단편소설 〈운수 좋은 날〉, 〈고향〉, 〈빈처〉, 장편소설 〈무영탑〉, 〈적도〉, 미완성 장편 〈흑치상지〉 등과, 1936년 일장기 말소 의거로 이름 높은 독립유공자이다.

현진건은 1900년 9월 2일 대구에서 아버지 연주현씨 현경운玄擎運과 어머니 전주이씨 이정효李貞孝 슬하 4형제 중 넷째 아들로 태어났다. 위로는 형 홍건鴻健, 석건奭健, 정건鼎健이 있었는데, 맏형 홍건은 러시아 사관학교 졸업 후 공사관 통역관 등을 지냈고, 둘째형 석건은 판사로 있다가 경술국치 후에는 변호사로 활동했다. 셋째형 정건은 지금의 국회라 할 수 있는 대한민국임시의정원 경상도 대표 의원, 임시정부 외교위원 등으로 활동하다가 일제에 체포되어 4년3개월이나 옥고와 고문을 당하고 출옥한 지 6개월 만에 안타깝게도 순국했다. 정건의 아내 윤덕경尹德卿은 남편이 사망하고 41일 후 결국 음독 자살로 생을 마감하고 말았다.

현진건의 아버지 현경운(1860~1946)은 구한말 출사해 주로 중앙 관직에 있었는데, 1904년 대구전보사大邱電報司 사장(정3품)을 지낸 후 대구에 정착했다. 그래서 현진건이 1900년 대구에서 태어났던 것이다. 현진건의 할아버지 현학표도 무관 출신의 관료로 오위장五衛將(정3품), 내장원 경內藏院卿(정2품), 창원항 재판소 판사 등을 역임했다.

현진건은 1915년 경주이씨 이순득과 결혼하고, 그해 11월 서울 사립보성고등보통학교에 입학했다가 자퇴하고 도쿄 유학을 떠난다. 1917년 잠시 대구에 머물 때 이상정, 이상화 등과 습작 동인지 《거화炬火》를 발간하고, 다시 도쿄 5년제 세이조成城중학 3학년에 편입했다가, 그 후 1918년 상하이 호강滬江대학 독일어 전문부에 입학하지만, 자식이 없는 5촌 당숙 현보운에 입양되면서 1919년 6월 학교를 중퇴하고 귀국한다. 그해 9월 대구를 떠나 서울 관훈동으로 이주하게 된다.

현진건은 1920년 11월 종합잡지 《개벽》에 단편 〈희생화〉를 발표함으로써 소설가로 등단한다. 그로부터 불과 두 달 뒤인 1921년 1월 현진건은 〈빈처〉를 발표함으로써 일약 한국 문단의 총아로 떠오른다. 그 후 연이어 〈술 권하는 사회〉, 〈운수 좋은 날〉, 〈고향〉 등 불후의 명작을 남김으로써 한국 문학사에 빛나는 별이 된다. (문학가의 정체성을 이해하기 위서는 반드시 작품을 읽어야 합니다. *164쪽 이후를 꼭 읽으시기 바랍니다.*)

동아일보 사회부장이던 1936년 현진건은 일장기말소의거를 일으켜 투옥과 고문을 당한다. 조선총독부는 현진건을 동아일보에서 강제로 퇴직시켰고, 소설집 《조선의 얼굴》에 판매 금지 조치를 내렸다. 신문 연재 중이던 장편소설 〈흑치상지〉도 중단시켰다. 그러나 현진건은 대부분의 국민들이 받아들였던 창씨개명까지 거부하고 일제에 맞섰다. 하지만 그때부터 현진건은 가난과 병마에 시달리며 울화와 음주로 생애를 보내다 결국 1943년 4월 25일 세상을 떠나고 말았다.

현진건은 문학관이나 기념관이 세워지지 못했고, 생가도 고택도 남아 있지 않다. 약간의 현창 사업들은 진정성이 없고, 그 결과 현진건 소개 글들도 오류로 가득하다.

뛰어난 민족문학 소설가이자 일장기말소의거를 일으킨 독립유공자 현진건에 대해, 권위 있는 이론가들의 논저와 국가보훈처 〈독립유공자 공훈록〉은 어떤 객관적 평가를 내리고 있는지 살펴본다.

"한국 단편소설의 아버지" - 김윤식·김현,《한국문학사》
"한국의 모파상"8) - 장덕순,《한국문학사》
"기교의 천재" - 김동인,《한국근대소설고》

위 셋은 현진건을 문학에 한정해 규정한 정의들이다. 현진건이 독립유공자라는 사실을 포함한 현길언과 양진오의 평가를 추가로 살펴본다.

현길언,《현진건》: 현진건은 우리 문학사에서 몇 안 되는 **참작가**의 한 사람이다. 그는 소설 쓰는 일과 세상사는 일을 일치시키려 애를 썼고, 그 애씀을 통해서 자신의 문학과 생활을 탄탄하게 세우려 했다는 점에서 참소설가의 모습을 후

---

8) 양진오는 현진건을 '한국의 모파상'식으로 부르면 "문학적 기교를 최우선적으로 중시하는 작가"처럼 보인다는 점에서 부적절하다며, 기교파 작가 이상의 "사회파"로 규정했다.

배들에게 제대로 보여주었다". "흔히 사실주의 문학을 정착시키는 데 끼친 공을 가지고 현진건의 문학적 업적을 논의하지만, 그는 역사적 상황에서 문학이 감당해야 할 몫을 후세에 명쾌하게 제시해준 작가라는 점에서 우리는 그의 문학을 다시 생각해야 한다. / 《문학과 사랑과 이데올로기》: 현진건은 한국 근대소설의 기틀을 나름의 소설미학으로 자리매기는 데 기여했을 뿐만 아니라, 식민통치를 받는 피압박 민족의 지식인으로서 민족적 양심을 끝까지 지켜나간 몇 안 되는 문인 중의 한 사람이었다.

양진오, 《조선혼의 발견과 민족의 상상》: 현진건은 식민지 시대 최고의 단편작가로 종종 불렸다. 그는 작품에 비견될 만한 선물을 후세들에게 전해주었으니 바로 자신의 '삶'이다. 현진건의 매력은 문학에서만 오는 게 아니라는 말이다. 현진건의 삶은 현진건 문학의 원천적인 매력이다.

그런가 하면, 국가보훈부는 현진건이 1936년 **일장기 말소 의거**를 일으킨 독립유공자라는 사실에 초점을 맞추어 〈독립유공자 공훈록〉을 기록하고 있다.

> 1936년 8월 동아일보 사회부장 재직시 '일장기말소사건日章旗抹消事件'[9]으로 구속되어 옥고를 치렀다. 이는 손기정孫基禎 선수가 독일 베를린 올림픽대회에서 세계를

---

9) 일장기 말소 '의거'가 옳다.

제패했을 때 동아일보가 손기정의 사진에서 일본 국기를 삭제하고 게재한 사건이다. 당시 총독부는 이 사건을 동아일보 탄압 구실로 사용하여 동아일보를 무기 정간시켰다10).

이 사건의 직접 책임자인 현진건을 비롯하여 이길용李吉用·최승만崔承萬·신낙균申樂均·서영호徐永鎬 등 5명11)은 '①언론기관에 일체 참여하지 않는다. ②시말서를 쓴다.③만약 또 다른 운동에 참가했을 때는 이번 사건의 책임에 가중하여 엄벌 받을 것을 각오한다'는 내용의 서약을 강요당하고 1936년 9월 26일 석방되었다.

그러나 현진건은 1939년 소설 〈흑치상지〉를 연재하면서 민족의식을 고취하는 데 힘을 쏟았다. 그것은 백제 때 장군 흑치상지黑齒常之가 자기의 모국인 백제가 망하자, 국가를 회복하려고 의병 3만을 결합하여 당장唐將 소정방蘇定方에 항거해 백제의 2백여 성을 회복했던 사실을 소재로 한 것이다. 〈흑치상지〉는 일경의 탄압으로 인해 52회로 게재 중지되어 미완으로 남았다.12) 정부에서는 고인의 공훈을 기려 2005년 대통령표창을 추서하였다.

---

10) 조선중앙일보도 이 의거로 결국 폐간의 운명을 맞았다.
11) 5명보다 많다.
12) 〈흑치상지〉만 민족문학 작품으로 오인하게 만드는 설명이다. 조선총독부는 현진건의 창작집 《조선의 얼골》도 판매 금지시켰고, 언론사에 취업하지 못하도록 탄압했다. 현진건은 타계할 때까지 직장 없이 살았다.

일반 대중에게 각인되는 현진건의 정체성은 뛰어난 사실주의 경향 민족문학 작품을 남긴 소설가라는 사실과, 일장기 말소의거를 일으킨 독립유공자라는 점을 나란히 부각할 때 제대로 규정된다. 이곳 '현진건 문학비'의 완성도는 그런 측면에서 어느 수준일까? 새겨진 문장을 읽어본다.

현진건은 대구에서 태어난 한국 사실주의 문학의 대표 작가이다.
그가 치욕의 일제 치하에 살면서 극명하게 묘사한 현실은 그대로 '조선의 얼굴'이었다.
생애를 통하여 끝내 불의와 타협하지 않은, 지조와 문학정신을 기리고자 여기 비를 세운다.

일장기 말소 의거에 관한 언급이 전혀 없다. 청렴한 공직자 또는 독재·부패 권력에 맞선 지식인을 가리킬 때 쓰는 "불의와 타협하지 않은"이라는 관용적 표현을 독립운동가에게 부적절하게 적용했다. 제국주의의 학살과 수탈을 단순한 "불의"로 규정해서는 안 된다. 지사들이 목숨을 걸고 독립운동에 투신한 것은 정의감 발로 수준이 아니다.

비문은 현진건의 문학적 업적에 대해서도 "한국 사실주의 문학의 대표 작가"라는 관념적 소개에 그치고 있다. 맞는 말이지만, 설명은 모르는 것을 알게 만드는 표현 기법이므로, 문학비의 문장은 현진건이 어떤 작가인가를 명쾌하게 말해주어야 한다.

'현진건 문학비'의 비문을 새로 쓴다면…, "〈빈처〉〈운수 좋은 날〉〈고향〉〈신문지와 철창〉〈적도〉〈무영탑〉 등 뛰어난 사실주의 경향 작품을 써서 '한국 근대소설의 개척자'로 추앙받는 걸출한 민족문학가이자, 1936년 일장기 말소 의거로 일본제국주의에 맞섰던 독립유공자 현진건을 기려 여기 비를 세운다" 정도가 적절하지 않을까! ▌

'현진건 문학비' 옆에, 현진건의 생애에 걸친 벗이자 1943년 4월 25일 같은 날 나란히 세상을 떠난 민족시인 이상화 시비와 좌상이 있습니다. 현진건 문학비와 이상화 시비가 인접해 있는 만큼 대단한 **인연**을 이어갔던 두 사람의 삶, 그리고 그 선대先代의 **인연**에 대해 먼저 살펴보겠습니다.

이상화와 현진건 두 분은 모두 위대한 민족문학작가이자 독립유공자일 뿐만 아니라, 일곱 달 간격으로 대구에서 이웃사촌으로 출생해13) 19세까지14) 한 동네에서 성장했고, 현진건의 추천으로 이상화가 《백조》 창간동인이 되어 함께 활동했으며, 현

---

13) 현진건 1900년 9월 2일, 이상화 1901년 5월 22일
14) 1919년 9월 5촌당숙 현보운의 양자로 입양되면서 현진건이 서울 관훈동으로 이주한다.

진건의 딸과 박종화의 아들을 부부로 만든 이도 이상화였을 만큼 서로가 '생애의 벗'이었습니다. 게다가 두 분은 1943년 4월 25일 같은 날 세상을 떠나셨습니다.

현진건의 아버지 현경운(1860~1946)과 이상화의 큰아버지 이일우(1870~1936)의 인연도 널리 이야기하지 않을 수 없습니다. 자수성가한 민족자본가 이동진은, 을사늑약을 앞두고 (일반학교 개념을 뛰어넘어)15) 박은식 · 이동휘 · 안창호 등 민족주의자들의

---

15) 제6차 교육과정 〈중학교 국사〉: 국민들 사이에 민족의 자주 독립과 민권의 확립을 이룩하는 데에는 교육이 가장 필요하다는 생각이 확산되어 갔다. 교육을 통하여 민족정신과 민족의식을 키울 수 있기 때문이었다. 일본의 침략이 거세어지면서 나라를 지키는 길은 교육이라는 자각이 확산되어, 민족 지도자들은 많은 학교를 세워 구국 교육 운동을 추진해 나갔다. / 국사편찬위원회 〈신편 한국사〉: 애국계몽가들은 교육진흥을 위하여 일차적 과제로 전국 각지에 학교를 설립하였다. 러일전쟁 이후 일제의 식민지화 작업이 교육부문에서는 관공립학교를 통하여 추진되었기 때문에, 애국계몽가들은 사립학교를 설립하여 근대교육과 민족교육을 실시하고자 하였다. (중략) 정치·사회단체들도 학교의 설립을 권장하고 직접 학교를 설립하여 경영하였다. (중략) 대한협회의 지방지회들은 더욱 많은 학교를 설립하여 경영하였다. 전주지회는 양육학교涵育學校와 육영학교育英學校를, 포천지회는 옥성의숙玉成義塾과 신야의숙莘野義塾을, 영흥지회는 홍명학교洪明學校를 운영하였다. (중략) 대한협회의 지회들은 신교육을 담당할 교사 양성을 위한 사범학교 설립에 노력했고, 삼림 산야를 일정 기간 안에 신고하지 않으면 국유지로 몰수하도록 규정한 새로운 산림법山林法에 대응하여 측량과와 측량학교를 설립하였다. 대한협회 지회들은 야학교夜學校의 설립에도 깊은 관심을 기울여, <u>대구지회는 국민야학교國民夜學校를</u>, 해주지회는 회관 안에 강습소야학교講習所夜學校를 설치했고, 남원

계몽교육기관 설립 운동이 한창이던 1904년 국제정세도 살피고 민족주의 지식인들의 동향도 파악할 겸 서울 시찰을 다녀온 맏아들 이일우와 함께 청년들에게 귀한 외국서적은 물론 숙식까지 제공하는 도서관이자 학교 우현서루를 세웁니다.

뜻있는 청년·우국지사들이 수도 없이 우현서루를 방문하고, 머물면서 공부하고, 행사와 강연에 참가합니다. 1907년 국채보상운동의 한 주축이었던 대구광학회가 우현서루를 사무소로 사용한 사실만으로도 우현서루의 성격은 충분히 가늠되고도 남습니다. 이일우는 조카 이상정과 이상화를 일본식 교육에 물들지 않게 하려고 일반학교 대신 우현서루에서 배우도록 합니다. 그 무렵 현경운도 아들 진건을 일반학교에 보내지 않았습니다.

일제가 우현서루를 두고만 볼 리 없으니, 1911년 결국 강제로 폐쇄됩니다. 1895년 대구관찰부 주사를 시작으로 공직 생활차 대구에서 거주하기 시작한 현경운은 1904년 4월 13일 이전에 대구전보사司[16] 사장(정3품)으로 승진하고, 그 후 대구에서 거주하게 됩니다. 놀라운 일은 국가정보기관 대구 책임자였던 현경운이 1908년 3월 창립된 대한협회 대구지회 교육부장에 9월 선임되고, 이어서 부설 국민야학교國民夜學校 교장을 맡게 된다는 사실입니다. 대한협회가 1906년 4월 창립 후 1907년 8월 강제 해체된 대한자강회의 후신으로서 1907년 11월 발족한 사회운동단체[17]라는 점을 감안하면 대구전보사 사장 현경운이 노

지회는 법률·일어·산술 3과의 야학을 설립하였다.
  16) 현경운을 대구우체국장으로 소개하는 오류가 곳곳에 보이는데, 대구우체국이라는 기관은 1905년에 처음 생겼다.

동야학 교장으로 활동했다는 점은 그의 성향을 짐작하게 해줍니다.

더욱 놀라운 바는, 현경운의 10년 후배로서 대한협회 대구지회 실업부장으로 활동했던 이일우가 1911년 민간인 현경운이 지금의 금호호텔 자리에 노동야학을 설립했을 때 교사로 복무했다는 사실입니다. 1911년은 우현서루가 일제에 의해 강제로 폐쇄당한 바로 그 연도입니다. 우현서루를 일제에게 강제로 폐쇄당한 이일우가, 대구 굴지의 민족자산가인 그 이일우가 10년 선배 현경운이 이끄는 야학에서 교사로 일하는 정경이 어떤 모습으로 떠오르십니까?

인연이 이어지는 이야기는 또 있습니다. 현경운은 셋째아들 진건을 경주이씨 이일우 문중 이길우의 사위로 만듭니다. 이렇게 현경운과 이일우의 인연을 살펴보면, 이상화와 현진건의 인연이 우연의 결과가 아니라는 점이 너무나 분명하게 확인됩니다. 노동야학과 우현서루에 서려 있는 현경운과 이일우의 정신사精神史가 현진건과 이상화에게 고스란히 이어졌다는 뜻입니다.

금남 이동진과 소남 이일우의 시18)를 꼭 한번 읽어보시라는 권유 말씀을 드리고자 합니다. 금남 · 소남의 시를 읽어보시면 이상화의 시재詩才가 어디에서 비롯되었는지 단숨에 가늠할 수 있습니다. 중국군 장군으로서 독립운동에 크게 이바지한 이상정이 대구 최초의 현대시조 시인이었다는 사실도 자연스레 이해가 됩니다.■

---

17) 경술국치 직후인 1910년 9월 일제에 의해 해체된다.
18) 《이장가李庄家 시집》이 있습니다.

이상화 좌상, 시비

이상화李相和(1901~1943)는 국가보훈부 〈독립유공자 공훈록〉에 따르면 "대구大邱 사람이다. 일제에 대한 저항시인이며, 대구고보 재학시인 1919년 3월 8일의 대구서문외西門外 장날을 이용하여 이만집李萬集·김태련金兌鍊·김영서金永瑞 등과 함께 독립만세 운동을 주동하였다.

그는 학생 시절인 1918년, 일제에 대한 민족 저항시 〈신라제新羅祭의 노래〉를 발표하여 민족의 독립정신을 고취시켰으며, 3월 8일의 서문외 장날의 독립만세 운동 때는 계성중학교啓聖中學校 학생들과의 연락책으로 활약하면서 연합시위를 전개하여, 여기에 모인 1천여 명의 시위군중에게 독립선언문을 배포하는 등 주도적인 역할을 담당하였다.

그 뒤에도 저항시를 통하여 민족혼을 일깨웠는데 1922년에는 《백조白潮》지 창간호에 〈나의 침실로〉를, 1926년에는 《개벽開闢》지 6월호에 〈빼앗긴 들에도 봄은 오는가〉 등을 발표하였다. 1923년 일본 동경으로 건너가 잡지 《향영響影》을 발간하였으며, 이듬해 귀국하여 1924년부터 1934년까지 문단을 제패했던 카프(KAPF: Korea Proletarian Artist Federation, 조선프롤레타리아예술동맹)를 발기하여 활동하였다.

1935년에는 중국으로 건너가 친형인 이상정李相定 중국군 장군과 조국의 독립을 위한 국내조직을 협의하고 1937년 귀국하였다. 그러나 곧 대구경찰서에 붙잡혀 2개월간 구금되어 고문을 받고 석방되었다. 정부에서는 그의 공훈을 기리어 1990년에 건국훈장 애족장(1977년 대통령표창)을 추서하였다."

국가보훈부 〈독립유공자 공훈록〉의 내용을 요약하면, 이상화는 1919년 3월 8일 대구독립만세운동을 주도하였고, 〈나의 침실로〉와 〈빼앗긴 들에도 봄은 오는가〉 등 걸출한 저항시를 통해 민족혼을 일깨웠으며, 중국군 장군으로서 애국지사였던 친형 이상정 장군과 은밀히 연락하며 독립운동을 전개하던 중 일제에 피체되어 고문을 당하기도 했다. 과연 현진건과 더불어 독립운동시기(1910~1945) 한국 지식인을 대표하는 민족문학가다운 이력이로다, 싶다.

그런데 국가보훈처 공훈록은 여러 잘못을 보여준다. 첫째, 생년월일부터 틀렸다. 출생 1901년 4월 5일, 타계 1943년 4월 25일로 소개하고 있는데, 1901년 4월 5일은 음력 생일이고 1943년 4월 25일은 양력 기일이다. 기준에 통일성이 없고, 음력과 양력을 별도로 적용한 까닭을 밝혀놓지도 않았다.

이상화는 1901년 음력 4월 5일 태어나 1943년 음력 3월 21일 타계했다. 양력으로 환산하면 1901년 5월 22일과 1943년 4월 25일이다. 일반적으로 우리나라는 별다른 설명이나 이유가 없을 경우 그레고리력을 사용하므로 공훈록은 생몰연월일을 1901년 5월 22일과 1943년 4월 25일로 수정해야 마땅하다.[19] (한국학중앙연구원 《한국향토문화전자대전》은 "이상

---

19) 2018년 국가보훈처 공훈록에는 1901년 8월 4일 출생하여 1943년 3월 20일 타계했다고 기록되어 있었다. 당시 어떤 근거로 그렇게 소개해놓았었는지 알 수 없었는데, 그 후 언젠가 수정한 것도 2024년 6월 22일 현재 확인해볼 때 틀렸기는 마찬가지이다.

화는 1901년 5월 22일 지금의 대구광역시 중구 성내동에서 태어났다. (중략) 이상화는 1943년 3월 위암 진단을 받고 투병 생활을 하다가 4월 25일 사망하였다."라고 소개한다.)

둘째, 1919년 3월 8일 "(서문시장에 모인) 1천여 명의 시위군중에게 독립선언문을 배포하는 등 주도적인 역할을 담당하였다."는 내용도 사실에 맞지 않다. 이상화가 1919년 대구 독립만세운동을 기획하는 단계에서 주도적 역할을 수행한 인물 중 한 사람임은 틀림없지만, 사전 검거를 피해 서울로 피신했기 때문에 현재의 동산동 오토바이 골목 입구에서 독립선언서를 배포하지는 않았다. (한국학중앙연구원《한국민족문화대백과》는 "1919년 3·1운동 때에는 백기만 등과 함께 대구 학생봉기를 주도하였다가 사전에 발각되어 실패하였다."라고 소개한다.)

셋째, 〈나의 침실로〉는 1922년 1월《백조》창간호가 아니라 1923년 9월《백조》제 3호(종간호)에 발표되었다. 이상화가《백조》창간호에 발표한 작품은 〈단조〉와 〈말세末世의 희탄欷歎〉이다. 1연은 암울한 현실에 대한 절망, 2연은 극복 의지를 보여주는 〈말세의 희탄〉은 총 2연, 각 연 6행, 총 12행으로 이루어져 있다. 문학 작품은 작가명과 제목만 알고 끝내어서는 안 되고 전문을 찾아서 읽어보아야 한다.

저녁의 피 묻은 동굴洞窟 속으로
아 - 밑 없는 그 동굴洞窟 속으로

끝도 모르고
끝도 모르고
나는 꺼꾸러지련다
나는 파묻히련다.

가을의 병든 미풍微風의 품에다
아 - 꿈꾸는 미풍微風의 품에다
낮도 모르고
밤도 모르고
나는 술 취한 집을 세우련다
나는 속 아픈 웃음을 빚으련다.

  국가보훈처 공훈록이 아무리 오류투성이라도 이상화는 대구가 낳은 한국문학사의 걸출한 민족시인임에 틀림없다. 좌상 뒤 시비에 새겨져 있는 〈빼앗긴 들에도 봄은 오는가〉를 정성껏 읽어볼 일이다. 다만 시의 길이 때문에 전문이 소개되어 있지 않은 점이 안타깝다. 수성못 상화동산 시비와 대곡동 이장가문화관 들어가는 도로변 시비가 전문을 담고 있지만 그 대신 읽기가 매우 곤란하니 이를 어쩌면 좋은가!
  오늘 문학기행 참가자들을 위해 〈빼앗긴 들에도 봄은 오는가〉에 관한 아주 적절하고 간명한 해설문을 준비해 왔으므로 그것부터 읽어본다. "일제에 대한 저항의식과 조국에 대한 애정을 절실하고 소박한 감정으로 노래하고 있는 이 시의 가장 핵심적인 부분은 첫 연 첫 행의 '지금은 남의 땅, 빼앗긴 들에도 봄은 오는가'라는 구절이라 하겠다. 일제하의 민족적 울분과 저항을 노래한 몇 안 되는 시 가운데서도 이 시가 특히 잘 알려진 이유는 그 제목과, 첫 연 첫 행의 구절이 매우 함축성 있게 모든 것을 말해주고 있기 때문이다. '최대의 절약 속에 최대의 예술이 있다'라는 좋은 표본이 된 대표작이다."

그런데 《두산백과》의 해설문 가운데 "(〈빼앗긴 들에도 봄은 오는가〉는) '최대의 절약 속에 최대의 예술이 있다'라는 좋은 표본이 된 대표작"이라는 구절을 대하는 순간, 문득 윤봉길 의사가 연상되었다. '〈빼앗긴 들에도 봄은 오는가〉는 문학이 사람의 마음을 움직여 역사를 바꾸기도 한다는 사실을 증언해주는 좋은 표본'이라는 생각이 떠올랐던 것이다.

〈빼앗긴 들에도 봄은 오는가〉와 윤봉길 의사 관련
실화를 소설 기법으로 소개하면 아래와 같습니다.

"선생님! 이 신문 보십시오"
김철이 1932년 4월 20일자 〈상해 일일日日신문〉을 김구 앞에 펼쳤다. 〈상해 일일신문〉은 상해에서 발간되는 일본어판 일간지로, 일본인들이 주된 독자였다.
"무슨 대단한 소식이라도 실려 있는가?"
"4월 29일 홍구 공원에서 큰 행사가 열린다고 합니다."
"4월 29일? 일본왕 생일이지 않나? 저들 말로 천장절天長節이라고 하는 것인데, 해마다 열어온 연례 행사를 올해라고 해서 유난히 큰 규모로 열 까닭도 없지 않는가? 혹시 오보 아닌가?"

"그렇지 않은 같습니다. 기사 내용을 보면, 자기들 왕의 생일을 경축하는 데 그치지 않고 이번 상해 전쟁에서 대승을 거둔 것까지 대대적으로 기념한다는 발표입니다."

"그래? ……그렇다면!"

김구의 뇌리에, 대뜸 윤봉길의 얼굴이 떠올랐다. 윤봉길은 두 해 전(1930년 3월 6일) 나이 스물셋에 '丈夫出家生不還장부출가생불환', 즉 '장부가 집을 나가면 살아서는 돌아오지 않는다'는 말을 남기고 고향을 떠나온 청년이다.

그는 김구에게 이력서를 제출할 때에도 부모, 아내, 아들을 '가족'이 아니라 '유족'으로 표현했다.[20]

고향 예산에서 출발하여 청도를 거쳐 14개월 만에 가까스로 상해에 당도했을 때에도 바로 당일(1931년 5월 8일)[21]에 임시정부로 가서 김구, 김동우, 그리고 직전 교민단 단장 이유필을 만났다. 대면하자마자 윤봉길은 대뜸,

"독립운동을 하러 왔습니다."

하고 말했다. 김구 등은 윤봉길이 12살에 1919년 만세운동을 목격한 후 '일본인 교장이 다스리는 학교에 다닐 수는 없다'는 생각에서 덕산공립보통학교를 자퇴한 일[22], 그 후 독학으로 한학

---

20) 김상기, 《윤봉길》(역사공간, 2017), 103쪽.

21) 이태복, 《윤봉길 평전》(동녘, 2019), 128쪽. 이태복은 '예심조서에 윤 의사가 직접 바로잡았기 때문에 도착 당일에 교민단을 방문한 것이 맞다.'는 견해를 보여준다.

22) 김영범, 《윤세주》(역사공간, 2013), 20~21쪽에 따르면 의열단의 김원봉과 윤세주도 일제가 지배하는 학교는 다닐 수 없다면

과 일본어를 공부하는 한편 덕산향교 유학자 성주록 선생과 홍주 의병장 김복한 문하 전용욱 선생에게 배운 이력, 열아홉에 3칸짜리 야학을 열고 《농민 독본》을 직접 저술하여 농민들을 가르친 사실, 목계 농민회와 월진회를 조직하여 나라 안에서 처음으로 협동조합 형태의 마을 단위 영농을 실시한 일 등을 청산유수로 술회하자 그만 그에게 흠뻑 넘어가고 말았다. 게다가 이때 윤봉길은,

지금은 남의 땅 — 빼앗긴 들에도 봄은 오는가?

나는 온 몸에 햇살을 받고
푸른 하늘 푸른 들이 맞붙은 곳으로
가르마 같은 논길을 따라 꿈속을 가듯 걸어만 간다.

입술을 다문 하늘아 들아
내 맘에는 내 혼자 온 것 같지를 않구나!
네가 끌었느냐 누가 부르더냐 답답워라 말을 해다오.

바람은 내 귀에 속삭이며
한 자욱도 섰지 마라 옷자락을 흔들고
종다리는 울타리 너머 아가씨같이 구름 뒤에서 반갑다 웃네.

고맙게 잘 자란 보리밭아,

서 보통학교를 자퇴한다.

간밤 자정이 넘어 내리던 고운 비로
너는 삼단 같은 머리털을 감았구나. 내 머리조차 가뿐하다.
혼자라도 가쁘게 나가자.
마른 논을 안고 도는 착한 도랑이
젖먹이 달래는 노래를 하고, 제 혼자 어깨춤만 추고 가네.

나비, 제비야, 깝치지 마라.
맨드라미 들마꽃에도 인사를 해야지.
아주까리 기름 바른 이가 지심 매던 그 들이라도 보고 싶다.

내 손에 호미를 쥐어다오
살진 젖가슴과 같은 부드러운 이 흙을
발목이 시리도록 밟아도 보고, 좋은 땀조차 흘리고 싶다.

강가에 나온 아이와 같이,
셈도 모르고 끝도 없이 닫는 내 혼아,
무엇을 찾느냐 어디로 가느냐, 웃어웁다, 답을 하려무나.

나는 온 몸에 풋내를 띠고,
푸른 웃음 푸른 설움이 어우러진 사이로,
다리를 절며 하루를 걷는다. 아마도 봄 신명이 지폈나 보다.

그러나 지금은 — 들을 빼앗겨 봄조차 빼앗기겠네.

하고, 이상화의 〈빼앗긴 들에도 봄은 오는가〉를 구성지게 암송한 후,

"제가 《개벽(1926년 6월호)》에서 이상화의 이 시를 보고 얼마나 울었던지, 마침 그 광경과 마주친 동생(윤남의, 윤봉길의 본명이 윤우의)이 '왜 우느냐?'면서 방으로 들어왔다가 그 아이도 시를 읽고는 울었습니다."23)

하면서 윤봉길 본인이 다시 눈물을 흘리자, 듣고 있던 김구, 이유필, 김동우 등이 울음바다를 이루고 말았다.

잠시 후 격한 마음이 조금 가라앉아 진정이 되자 윤봉길은,

"일제 식민지 치하에서는 농민운동으로 조선인의 삶을 향상시킬 수 없다고 생각하던 차에 광주 의거가 일어났고, 학생들의 치열한 싸움을 보고 큰 충격을 받았습니다.24)

그날 이후 저는 야학 학생들에게 '여러분! 만약 당신들에게 아직도 흐르는 피가 뛰고 있고, 아직도 순환하는 기운이 흐르고 있다면, 일본제국주의의 참혹한 압제 하에 있는 2천만 동포의 통곡을 귀 기울여 들어보시오!' 하고 촉구했습니다.

---

23) 김상기, 앞의 책, 21쪽.
24) 김상기, 앞의 책, 53쪽. 광주학생독립운동동지회가 펴낸 《광주학생독립운동사》는 〈발간사〉에 "광주 학생 독립운동은 3·1운동, 6·10만세운동과 더불어 일제시대 3대 민족운동 가운데 하나였다. 3·1운동이 일어난 지 꼭 10년이 되던 해인 1929년 11월 3일 광주에서 일어난 이 운동은 광주 지역에만 그치지 않고 전국적으로 확산되었으며, 만주·일본 등 멀리 해외에까지 파급되었다. 또한 320개교 5만4천여 명 학생들이 참여하여 그 규모나 영향력에서 3·1운동에 결코 뒤지지 않았던 사건이었다."라고 기술하고 있다.

'우리는 대중과 조국을 위한 정신과 책임을 가지고 그들처럼 투쟁해야 합니다. 그러자면 여러분도 그들과 똑 같은 열렬한 정신을 품고, 오늘부터 웅장한 뜻을 견고하게 갖고, 각자 자신의 임무를 맡아 그들과 더불어 같은 전선에서 온 강산을 탈환할 책임과 2천만 민족정신을 회복하기 위하여 우리의 큰 적인 일본제국주의를 파멸시켜 새로이 위대한 나라와 민족을 건설합시다!'

결국 야학은 강제로 폐쇄되었고, 저는 끌려가 3주 동안 고문을 당하고 두들겨 맞았습니다. 마침내 저는 야학 학생들에게 '뜨거운 피로 적과 싸우고, 횡포한 왜적들을 모두 죽이고, 승리의 깃발을 손에 들고 우리나라 만세를 크게 외칩시다!'라는 마지막 이별사를 한 뒤 '丈夫出家生不還(장부가 집을 나서면 살아서 돌아가지 않는다)'을 써서 집에 남기고 상해로 출발했습니다."
하고 말했다.

윤봉길의 웅변에 온통 마음이 움직인 김구는 '이 청년은 큰 인물임이 분명해! 표정도 언사도 그렇지 않은가!'라고 판단했고, 생활비를 절감하기 위해 상해 도착 후 일 주일 동안 안명기의 집에서 3인1실로 합숙해온 윤봉길을 위해 숙소까지 안공근의 집 3층에 마련해 주었다. 그 후 윤봉길은 생계를 위해 한국인 박진이 경영하는 말총모자 공장에서 일했는데, 김구는 매달 2~3차례 윤봉길을 만나[25] 시국 문제에 관한 담론을 나누었다. 그만큼 김구는 윤봉길을 좋아하고 또 신뢰했다. 이봉창을 동경으로 보낼 때도 김구는 윤봉길에게 그 일을 사전에 말해주었는데, 윤봉길은,

---

25) 이태복, 앞의 책, 96쪽.

"좋은 계획이 있으면 저에게도 기회를 주십시오."[26]
하고 화답했다.

그런 과정을 거쳐 윤봉길은 금세 한인애국단의 의열 사업에 가담하게 되었다. 김철이 〈상해 일일신문〉을 김구 앞에 내놓으면서,

"선생님! 이 신문 보십시오."
하고 말한 지 얼마 지나지 않아, 덜커덩 요란하게 문을 열면서 윤봉길이 들어섰다.

"선생님! 신문 보셨습니까?"

이상화에 대해서는 달서구 명곡로 43 '이장가 문화관·상화 기념관' 답사 때 다시 소개합니다.

이장희 시비

이상화 좌상 지나면서 약간 뒤쪽, 백기만 시비 가기 전에 **이장희 시비**가 있다. 이장희李章熙(1900~1929)는 1924년 《금성》에 대표작 〈봄은 고양이로다〉 등을 발표하면서 작품 활동을 시작했다. 그는 세상을 떠나는 1929년까지 불과 5년여에 지나지 않는 짧은 생애 동안 극소수의 시작만 남겼다. 그럼에도 불구하고 섬세한 감각과 시각적 이미지, 계절 변화에 따른 시적 소재의 선택에 남다른 개성을 보여주는 시인으로 한

---

26) 김도형, 앞의 책, 137쪽.

국문학사에 독특한 이름을 남겼다.

이장희는 조선총독부의 철저한 상류 앞잡이 반민족행위자들 집합체인 중추원 참의(현 국회의원 격)를 역임했을 만큼 대단한 친일파였던 아버지와의 불화로 끝내 스스로 생명을 버렸다. 그는 본인이 직접 독립운동에 투신하지는 않았지만 우리 역사의 비극을 온몸으로 보여준다는 점에서 여러 가지를 생각하게 하는 애잔한 시인이다. 생생한 감각미를 보여주는 시로 유명한 〈봄은 고양이로다〉 전문을 읽어본다.

꽃가루와 같이 부드러운 고양이의 털에
고운 봄의 향기가 어리우도다

금방울과 같이 호동그란 고양이의 눈에
미친 봄의 불길이 흐르도다

고요히 다물은 고양이의 입술에
포근한 봄 졸음이 떠돌아라

날카롭게 쭉 뻗은 고양이의 수염에
푸른 봄의 생기가 뛰놀아라

이장희 시비를 지나면 **백기만 시비**가 나타난다. 시비에는 백기만白基萬(1902~1967)의 1926년 시 〈산촌모경山村暮景〉 일부가 새겨져 있다.

차차 이 집 저 집 처마에 원시적 초롱이 내어걸린다
그리고 울도 없는 집 마당에는 늙은이들이
끝없는 담소談笑에 즐거워한다
아아 평화平和롭다 오직 태고정太古靜이 흐를 뿐이다
욕심도 없고 미움도 없고 어제도 없고 내일도 없는
산촌山村은 산山과 한께 어둠에 잠기려 하도다

백기만은 1919년 대구고보에 함께 재학한 친구 이상화와 더불어 독립만세운동을 주도하다 체포당했지만 투옥 경력이 없는 관계로 독립유공자로 지정받지는 못했다. 그래도 묘소는 우리나라 유일의 독립운동가 전용 국립묘지 대구 신암선열공원에 안장되어 있

백기만 시비

다. 그는 시집 없이 타계한 상화尙火 이상화와 고월古月 이장희의 작품을 모아 《상화와 고월》을 펴냄으로써 두 사람이 한국문학사에 이름을 아로새기는 데 이바지했다.

백기만 시비 오른쪽 뒤에 **최양해 흉상**과 **한시비**가 있다. 최양해崔瀁海(1897~1978) 시인은 23세이던 1919년 만세운동에 참여했다가 일경의 수배를 받아 줄곧 피신했고27), 1940년 창씨개명에

---

27) [**보충자료**] "대한독립만세!" 부르는 것이 무슨 대단한 일이냐는 오해 : "대한독립만세!"를 주도하고, 또 뒤따라 외치는 것이 무슨 대단한 일이냐고 용기(?)있게 말하는 분도 있다. 그런 잘못된 생각을 가진 분은 이근호 저 《한국사를 움직인 100대 사건》의 일부 내용을 발췌 요약해서 보여주는 오마이뉴스 2018년 3월 20일자 이양호 기자의 〈3·1운동은 누가, 어떻게 일으켰을까〉를 읽어볼 필요가 있다. 기사에 따르면, 당시 조선총독 하세가와 요시미치는 "추호의 가차도 없이 엄중 처단한다." 하며 시위대를 향해 발포 명령을 내렸고, 4월 들어서는 경고 없이 실탄 사격을 하도록 지침을 시달했다. 이로 인해 전국에서 살육과 고문, 방화 등 야만적인 탄압이 이뤄졌다. 조선에 주둔한 정규군 2개 사단 2만 3,000여 명에 더해 4월에는 일본에서 헌병과 보병부대까지 증파됐다.

3월 10일에는 평남 맹산읍 시위 군중 50여 명을 죽이고, 4월 15일에는 수원 제암리에서 마을 주민 30여 명을 교회에 가둔 채 불 질러 타 죽게 했다. 화성군 송산면에서는 마을 전체를 불태우고 주민들을 학살했다. 천안 아우내竝川(병천)에서는 유관순이 장터에서 태극기를 나눠 주다 체포돼 악랄한 고문 끝에 옥사했다.

5월 말까지 한국인은 7,500명이 피살되고, 4만 6,000명이 체포됐으며, 1만 6,000여 명이 부상당했다. 또 교회 47곳과 학교 2곳, 민가 715호가 불탔다. 당초 비폭력, 무저항을 표방한 만세 시위는 3월 말 이후 점차 폭력화 양상을 띠면서, 전차 공격, 헌병 주재소 습격, 관공서 방화 등이 일어났다.

반대한 일로 경주 경찰서에 수감되기도 했지만, 정식으로 감옥 생활을 하지는 않았던 관계로 백기만과 마찬가지로 독립유공자로 추서를 받지는 못하였다. 최양해는 많은 한시 작품과 고전 번역서적을 남겼다.[28]

시비에는 물론 한시가 새겨져 있다. 한시 아래에 한글로 번역한 글을 덧붙여 두었으니 아주 못 읽은 일은 없다. 〈大邱 壯觀〉과 〈대구의 장관〉을 소개하면 아래와 같다.

大邱雄容在此城
대구의 웅장한 기상 이 성 안에 있으니
舊奇新美總鮮明
옛 모습 새로운 단장 모두 다 선명하다
異花映日心惟感
기이한 꽃 햇빛 비춰 마음을 감동케 하고
老木誇春目可驚
고목도 봄을 자랑하니 눈이 이리 부시는구나
否泰多端難測實

이양호 기자는 '일제는 만세를 부르면 전부 죽이겠다는 생각이었다. 이미 그 전부터 자신들의 명령에 불복종하는 조선인에 대해 무자비한 탄압으로 일관했으니 이른바 무단통치다. 이런 감시와 억압을 뚫고 태극기를 만들고 나눠주며 시위를 주도한다는 것은 그야말로 목숨을 건 용기와 그에 맞는 조직이 필요한 일이다.'라고 평가한다.

28) 이상화 시비와 현진건 문학비 중간쯤 뒤에 화가 이인성 조형물이 있지만 독립운동과 무관한 인물이므로 소개를 생략합니다.

막히고 트인 운의 가닥 그 실상 알기 어렵고
往來無數不知名
가고 온 많은 사람들 누구인지 모르겠네
一醒一醉眞人事
취하고 깨어남이 진실로 사람의 일인데
憂樂同盟子我情
근심이나 즐거움 너와 나 함께 하세

두류공원 인물동산 배치도

달서구 공원순환로 201 대구문화예술회관 팔공홀 뒤 산책로
백남채 묘비

1919년 3월 8일 대구 독립만세운동 주역

국가보훈부 독립유공자 공훈록에 따르면 백남채白南埰(1888~1950)는 본적이 "경상북도 대구 남산 156-8"인 "대구 사람이다." 백남채는 "1919년 3월 8일 대구 서문외西門外 장날을 이용하여 이만집李萬集·김태련金兌鍊·권의윤權義允·김영서金永瑞 등과 함께 독립만세운동을 주동하였다. 당시 계성중학교 교사인 그는 경상도 독립만세운동의 연락책임자로 2월 24일 대구에 내려온 이갑성李甲成과 제일교회에서 만나, 국내외 정세를 전해 듣고 독립만세운동을 주동하기로 결심하였다.

백남채 묘비

이어 그는 이만집·김태련·김영서·권의윤·이상백李相柏·정재순鄭在淳·정광순鄭光淳·최상원崔相元·최경학崔敬學 등과 만나, 서문외 장날인 3월 8일 오후 3시를 기하여 독립만세운동을 전개하기로 결의하고, 각자 주민과 학생의 동원을 책임분담하였는데, 그는 계성중학교 학생의 동원을 담당하였다. 한편 대구고보·신명여학교·성경학교 학생들과도 연락을 취하여 연합시위를 전개하도록 약속하였다.

3월 6일에는 김태련 등에 의해서 이갑성이 보낸 독립선언서가 등사되고, 대·소의 태극기 40여 매가 제작되는 등 사전 준비가 순조롭게 진행되었으나 불행히도 그는 이튿날 일제의 예비 검속 때 체포되었다. 그러나 그가 주동하여 계획한 독립만세운동은 예정대로 추진되어, 1천여 명의 시위군중이 모인 가운데 격렬하게 전개되었다. 결국 그는 이해 4월 18일 대구지방법원에서 징역 2년형을 받고 옥고를 치렀다."

독립기념관이 간행 준비 중인 《한국 독립운동 인명사전》은 비슷하면서도 좀 더 자세한 내용을 보여준다. 사전은 그의 '주요 활동'을 "1919년 3월 8일 대구 서문시장 장날 만세시위 주도"로 소개하면서 아래와 같이 〈본문〉을 서술한다.

〈1888년 1월 1일 경상도 대구부大邱府(현 대구시)에서 아버지 백용규白龍逵와 어머니 순흥 안씨順興安氏 사이의 4형제 중 장남으로 태어났다. 본관은 수원水原이고, 자는 성숙聖淑이며, 호는 백천白泉이다. 한학을 수학하다가 대구 계성학교를 졸업

하고, 1910년 22세 때 중국 교와대학協和大學(현 북경대학)에 유학하였다.

중국 유학 후 귀국하여 1915년 이만집李萬集·김태련金兌鍊·박영조朴永祚 등과 함께 교남기독교청년회嶠南基督敎靑年會를 조직하여 청년회 사업을 하였는데, 교남기독교청년회는 1921년 대구기독청년회YMCA로 전환되었다. 1918년 계성학교의 교감 및 이사장에 취임하였으며, 1919년 1월 5일 대구 남산교회의 장로로 시무하였다. (인용자 주 : 이 대목은 1919년 3월 8일 대구만세운동이 교남기독청년회 조직을 중심으로 꾸려지고 전개되었음을 알게 해준다. 주로 계성학교·신명여학교·남산교회 인사들이 시위를 주도하였는데 모두가 교남기독청년회 핵심 활동가들이었던 것이다.)

1919년 2월 13일 상하이上海에서 귀국한 서병우徐丙佑·김순애金順愛·아우 백남규白南圭, 대구의 홍주일洪宙一과 이만집, 1919년 도쿄 2·8독립선언에 참가한 후 2·8독립선언서를 가지고 돌아온 김마리아金瑪利亞 등과 함께 국내에서 거사할 것을 준비하였다.

1919년 3월 2일 이갑성李甲成이 보낸 세브란스의학전문학교 학생인 이용상李容祥으로부터 2백여 장의 독립선언서를 전달받은 남산교회 목사 이만집과 남산교

대구 중구 남산교회 벽의 백남채, 이만집, 김태련, 김용해 부조(1919년 만세운동)

회 전도사 김태련, 그리고 신정교회 장로이며 대구 계성학교 교사인 김영서金永瑞 등은 3월 8일 오후 3시 서문시장에서 만세운동을 전개하기로 하였다. 이 만세운동에 참여해 달라는 김태련의 요청을 받고 3월 6일 계성학교 교사 최상원崔相元·권의윤權義允·최경학崔敬學 등과 만세시위를 준비하던 중, 3월 7일 일제 경찰의 예비 검속으로 집을 수색당하고 경찰서에 붙잡혀갔다.

1919년 4월 18일 대구지방법원에서 이른바 보안법과 출판법 위반으로 징역 2년을 받았다. 이에 불복하고 항소하였는데, 그해 5월 31일 대구복심법원에서 원판결은 취소되었으나 형량은 동일하게 유지되었다. 다시 무죄를 주장하며 상고하였으나 7월 21일 고등법원에서 기각되어 대구형무소에서 옥고를 겪었다.

풀려난 후 남산교회 장로로 시무하며 조양연와회사朝陽煉瓦會社를 설립하여 경영하면서 상하이 대한민국임시정부에 군자금을 지원하였으며, 계성학교의 재정 지원에도 크게 기여하였다.

1923년 대구 유지들이 조직한 대구구락부大邱俱樂部 창립회원으로 참여하였으며, 1924년에는 대구학교평의회大邱學校評議會의 후보로 나서기도 하였다. 1927년 12월 신간회新幹會 대구지회 창립에 참여하여 자금을 지원하는 등의 활동을 벌였다. 1927년 5월부터 1930년 4월까지 대구학교평의회 의원을 역임하였으며, 1929년부터 1930년까지 2년 동안 대구상업회의소大邱商業會議所 의원으로 활동하는 등 타협적 민족주의를 지향하였다. 이후에도 대구 지역에서 계속 활동하였으나, 전시 체제 하에서 일제의 황국신민화정책에 적극 동참함으로써 일제와 타협하는 모습을 보여주었다.

대한민국 정부는 1990년 건국훈장 애족장(1977년 대통령표창)을 추서하였다.〉

사전의 본문은, 항일지사가 처음부터 끝까지 완벽하게 왜적에 맞서지 못하고 강점기 말기 '전시 체제하에서 일제의 황국신민화정책에 적극 동참함으로써 일제와 타협하는 모습을 보여'준 경우에도 독립유공자로 서훈 받는다는 사실을 말해준다. 이른바 '공과 과'를 따져 공이 우세하면 독립유공자로 인정한다는 뜻이다. 대전현충원으로 옮겨간 백남채 지사의 묘소 앞 비석 앞에 서서, 국가와 민족에 '크게' 기여한 인물을 그가 저지른 '작은' 허물에 과도하게 집중해서 매장해버리는 일은 민족의 역사를 스스로 왜소화하고, 완전한 인격체가 아니면 사회적 인물이 되기를 꿈꾸지 말라는 극단적 배척주의의 어리석음이 아닐까 생각해본다. 물론 '크고' '작은'을 분별하는 과제에 정치적 또는 사적 감정이 개입되는 일은 결코 있어서 안 되겠지만.

달서구 당산로30길 30 원화여자고등학교
서상일 좌상
조양회관을 건립한 '대구의 인물'

　달성 앞에 1922년 세워졌던 조양회관이 1982년 망우당공원 안으로 옮겨졌다. 1910년 망국을 되새김하게 이끌어주는 조양회관 이건 장소로 임진왜란 학습 장소인 망우당공원이 가장 적당했던 것인가! 조양朝陽회관 네 글자가 본래 조朝선의 빛陽을 보겠다는 독립 염원을 담은 이름이었고, 그 이름답게 조양회관은 대구 청년들이 함께 민족의식을 키워가는 만남과 교육의 장이었기에 하는 말이다.

　조양회관은 이곳으로 옮겨진 뒤 주로 '광복회관'으로 알려져 있다. 독립운동가 본인 및 그 유족을 회원으로 하는 단체 광복회가 사용하는 건물로 인식되고 있는 셈이다. 대구 유일의 이전·복원 건물이라는 의의를 지닌 국가등록문화유산[1]

---

　1) 지정문화유산이 아닌 근현대문화유산 중 건설·제작·형성된 후 50년 이상이 지난 것으로서 보존 및 활용의 조치가 특별히 필요하여 등록한 것을 말한다. 등록 주체는 국가유산청장이고 문화유산위원회의 심의를 거쳐 확정된다. [두산백과]

이고, 독립문을 연상하도록 설계된 정문 입구에 걸린 현판도 여전히 '朝陽會館'이지만, 그래도 조양회관은 본래 자리도 잃고 이름도 사실상 잃어버렸다.

조양회관 앞에 **서상일 좌상**이 세워져 있다. 그런데 똑같은 좌상이 달서구 원화여고 교정에도 있다.

동암東庵 서상일徐相日(1887~1961)은 대구의 대표적인 독립지사 중 한 사람이다. 1887년 7월 9일 태어난 동암은 22세이던 1909년 안희제, 김동삼, 윤병호 등과 함께 무장 항일 투쟁 단체인 대동청년단을 결성하여 독립운동을 시작한다.

1910년 보성전문학교(현 고려대) 법과를 졸업할 때에는 한일합방에 항의하여 9인 결사대를 조직, 서울 주재 9개국 공사관에 독립선언문을 배포한다. 1917년 만주 등지에서 독립운동을 하던 동암은 귀국하여 3·1운동에 참여했다가 '내란죄'로 서대문형무소에 투옥된다.

감옥에서 출소 후 동암은 인재 양성과 국민의식 진작이 민족의 진정한 독립을 회복하는 길이라고 인식, 고향인 대구로 내려온다. '의식분자들의 결집이 절대로 필요함을 생각하고 있던' 동암은 '조양회관을 건립하여 주로 의식분자들의 결집과 계몽 사업에 전력을 기울였다(1957년 8월 발표 〈험난할망정 영광스런 먼 길〉의 표현).'

많은 인사들이 조양회관 건립에 동참하기로 되어 있었지만[2] 일제의 방해로 실천에까지 이어지지 못했다. 독립지사 백남채白南採만이 벽돌을 제공했다(59쪽 참조). 서상일은 거의 혼자 재정을 부담하여 (달성공원 앞 옛 원화여고 자리에) 대지 500평, 건평 138평의 2층 건물 '조양회관'을 지었다. 압록강에서 가져온 낙엽송 통나무를 사용하여 목조 부분을 지었고, 바닥도 그 나무로 깔았다.

외관은 붉은 벽돌로 장식했는데 한국인 건축가 윤학기가 설계, 백남채가 공사 감독을 맡았고, 중국인 기술자를 초빙해서 일을 시켰다. 창문의 둘레는 화강암으로 정착시켰다. 웅장한 천장에 통나무 대들보가 걸쳐져 있고 기둥이 없는 점은 조양회관의 특징 중 한 가지였다. 서상일은 이 목조 건물에 '아침朝에 해陽가 가장 먼저 비치는 집'이라는 뜻의 이름을 붙였다. 은근히 민족의식을 드러내었던 것이다.

동암은 조양회관을 대구 청년들의 정신적 구심지로 만든다. 1,000명을 수용할 수 있는 대강당만이 아니라 회의실, 사무실, 인쇄공장, 사진부에 오락실까지 갖춘 조양회관에서는 시국, 국산품 애용, 상공업 진흥 등에 관한 강연회가 줄을 이

---

2) 1928년에 제작된 〈대구 조양회관 개요〉의 '연혁'에 '서력(서기) 1921년 봄에 몇 명의 동지가 서로 만나 대구구락부 기성회를 조직하고 부관部館(조양회관) 건축의 회의를 진행할 때 당시 이에 상응하는 동지는 만강滿腔의(가득한) 성의를 다하여 각자 부관이 이루어지기를 기약하면서 의연금을 변출辨出하고(나누어 내고) 회會(대구구락부 기성회)의 진행을 위하여 사신捨身(몸을 던져) 노력함에 있어 회의 기운은 자못 왕성하다.'라는 표현이 실려 있다.

었고, 밤에는 청소년들을 대상으로 야학을 실시했다. 《농촌》이라는 잡지도 발간했다.

일제는 조양회관을 모질게 탄압했다. 결국 1930년대 후반 들어 조양회관은 대구 부립(시립) 도서관으로 사용되었고, 심지어 태평양전쟁 막바지에는 일본 보급 부대가 주둔했다. 해방 직후 서상일이 정치 활동을 할 때에는 한민당 사무실로도 쓰였고, 6·25전쟁 중에는 군대 병영이 되기도 했다.

조양회관이 다시 조양회관으로 제 면모를 되찾게 되는 때는 1954년이다. 하지만 그조차도 얼마 가지 못했다. 이듬해인 1955년 원화여자고등학교가 조양회관 부지에 설립되면서 학교 교무실로 변했다. 그 후 1980년 학교 부지가 건설회사에 넘어감으로써 조양회관은 끝내 헐리는 운명을 맞았다. 해체되었던 건물은 1982년 지금 자리에 복건되었다.

1920년대의 조양회관(왼쪽)과 지금의 조양회관

3·1운동 때 투옥되었던 서상일은 1927년 10월 18일 장진홍 의사의 조선은행 폭파 사건 가담 혐의로 재차 구속된다. 해방 후에도 서상일의 생애는 순탄하지 않았다. 1948년 5월

10일 실시된 제헌 국회의원 선거에서 당선되지만 이승만 독재에 항의하다 또 구속되었다. 일제 강점기 때에도 해방 이후에도 구속되기는 마찬가지였다. 그뿐이 아니다. 1961년 5·16 직후에도 군사정부에 의해 기소되었다. 마침내 서상일은 재판이 계류된 상태에서 1962년 4월 18일 세상을 떠났다.

* 서상일 지사의 자취가 가장 뚜렷하게 남아 있는 조양회관을 찾아볼 분을 위해 '광복회관' 안팎을 소개드립니다.

[**광복회관 안**] 문화유산청은 광복회관의 등록문화유산 표지판에 '효목동 조양회관'이라 밝혀두었다. 본래 달성 앞에 있던 조양회관을 허물어서 이곳에 복원해 놓았으니 '달성 조양회관'이라 부를 수는 없는 까닭이다.

건물 내부는 광복회 대구지부가 관리하는 곳다운 면모를 보여준다. 다양한 볼거리들이 전시되어 있어 꼼꼼한 관람자라면 상당한 시간을 들여 살펴보아야 한다. 다만 필자가 그 자료들을 모두 이 책에 실을 수는 없으므로, 게시되어 있는 수많은 자료들 중 일부의 제목을 선보임으로써 독자들의 마음에 "한번 가봐야지!" 싶은 생각이 일어나도록 하려 한다.

*차마 눈 뜨고 볼 수 없는 처참한 현장. 작두로 목을 자르고 있다. *일제는 처형 뒤 사진을 공개, 시민 궐기에 제동을 거는 심리전을 폈다. *서울 동대문 밖 만세 시위 처형자의 유기 장소에 유족들이 시체를 찾기 위해 몰려들고 있다.

*전국 곳곳에서 자행된 애국지사들의 순국 현장 *1905년 1

월 1일 경부선 철도가 개통된 지 이틀 후인 1월 3일, 일본군은 한국인 3명을 철도 파괴 음모의 누명을 씌워 공개 처형했다.

*순국 5분 전 한복 차림의 안중근 의사 *3월 24일 순국 이틀 전에 두 아우를 만나 "국권이 회복되거든 내 뼈를 조국에 묻어다오. 나는 천국에 가서도 국권 회복을 위해 힘쓸 것이다." 하고 당부하는 안중근 의사

*일경은 전국 각지에서 기병한 의병들을 무참히 살육하는 만행을 저질렀는데 재판도 없이 현지에서 체포 즉시 이렇게 목을 매어 죽였다. *마지막까지 독립만세를 외치며 죽어간 애국지사들 *옥중의 유관순

*우리나라에서 가장 오래된 태극기, 1890년 고종이 외교 고문 데니Denny에게 하사한 것 *1916년, 태극기를 가슴에 안고 조국의 광복을 기원하는 재 하와이 여성 교포들의 애틋한 모습

*파고다 공원에서 독립선언이 있었다는 소식은 서울 시민들을 흥분의 도가니로 만들었다. *민족 대표 독립선언- 중년 시절의 손병희 선생, 만해 한용운 선생 *3·1운동 이후 태극기를 들고 가두 행진을 하는 미주 교포들

*백주에 종로 경찰서에 폭탄을 던진 김상옥 의사 *64세의 고령으로 사토 총독에게 폭탄을 던진 강우규 의사 *이완용을 저격한 이재명 의사와 두 동지 김병헌 의사와 김이걸 의사 *2·8 독립선언이 있었던 동경 조선기독교청년회 현관 *친일 외교관 스티븐스를 총살한 장인환, 전명은 의사

*미주 한인 항일 군사훈련의 선구자 박용만 선생 *경복궁 광화문 앞 훈련원에서 사격 훈련 중인 병사들 *1914년 6월 10

일 하와이의 한국독립 국민군단 *국민군단의 군사훈련 광경 * 국민군단의 열병식 등등.

[광복회관 바깥]
서상일 좌상
이경희 공적비
항일 독립운동 기념탑 : 2006년 6월 15일 건립
* *건립 목적*
1895년~1945년 광복될 때까지 향토 출신 구국 지사들이 신명을 바친 독립운동의 여정을 헤아리면서 선열들의 높은 뜻을 추모하고 그 유지를 계승 발전시켜 나아갈 상징으로 기념탑을 우뚝 세움으로써 다시는 이 땅에 외세의 침범을 불허하고 선진 조국 건설의 원동력이 되는 민족정기를 자라나는 후세대의 의식 속에 심어주어 민족의 자주독립 정신을 함양하는 데 그 목적이 있다.
* *탑신의 상징과 의미*
1. 방향 : 일본을 향해 준엄한 경고 / 2. 다이아몬드 형상 – 강인한 정신, 불굴의 독립정신, 어둠 속에서의 광채 / 3. 요철 십자형상 – 독립정신을 사해에 고하고, 세계 정세를 파악 대비함 / 4. 원형 기단 – 지구의 중심에 민족정기가 서려 있음 / 5. 명각대 – 지역의 독립유공 서훈자 2천여 명 음각 / 6. 조명등 – 사방에서 독립정신을 우러러보는 형상 / 7. 낙락장송 – 모진 고난 속에서도 꿋꿋이 이겨낸 독립운동 상징
이상, 소형 홍보물 〈광복회 대구광역시지부〉 게재 내용

태극단 학생독립운동 기념탑 (2003년 10월 19일 건립)

월배로 241 상원고등학교 야구장 뒤

태극단 학생독립운동 기념탑

10대의 대구상업학교 학생들, 독립을 꿈꾸었다

'대구 공립 상업학교' 본관 건물은 대구시 유형문화유산으로 지정되어 있다. 실업인 양성을 목적으로 지어진 이 건물은 일제가 지은 대구 최초의 학교 교사이다. 5년제 10학급 입학 정원 100명(한국인 50명, 일본인 50명)으로 출발한 대구상업학교는 1923년 대구중학교 교사의 일부를 빌려서 개교했다가 이내 현 위치에 본관 건물을 완공해 학교를 옮겼다. 첫 졸업생 52명은 1928년 3월 7일에 배출했다.

학교는 1946년 9월 1일 6년제 24학급 '대구 공립 상업 중학교'가 되었고, 1951년 9월 1일 '대구상업고등학교'로 개칭되었다. 그 후 2003년 10월 15일 일반계인 '대구상원고등학교'로 다시 바뀌었다. 그 중간인 1984년 9월 22일 달서구 상인동 1번지(월배로 241)에 학교 건물을 새로 지어 이전했다.

그런데 상원고등학교 누리집 '학교 연혁'은 꼭 기록되어 있어야 할 내용을 누락시키고 있다. 1942년 대구상업학교 학생들의 태극단太極團 결성 소식이다. 태극단 가담 학생들은 조국 광복이라는 원대한 목표를 꿈꾸며 비밀결사를 조직했고, 치밀한 행동강령 아래 조직적 항일투쟁을 벌였다. 그러나 1943년 단원 26명 전원이 체포되고, 그 중 4명은 고문 후유증으로 세상을 떠난다. 일제는 사건이 조선 민중들에게 줄 영향을 우려하여 비밀에 부쳤다. 태극단의 존재는 나라가 독립을 되찾고도 한참 뒤인 1963년 들어서야 일반에 알려졌다.[3]

---

3) 2019년 당시 상원고교 누리집 '모교를 빛낸 대상인'에는 김상길, 서상교, 김정진 지사는 등록되어 있고 이상호, 이원현, 윤삼룡 지사 등은 누락되어 있었다. 2024년 7월 3일 누리집 '모교를 빛

태극단의 조직과 활동에 대해 좀 더 알아본다. 1942년 5월 대구상업학교 학생 이상호, 김종우, 이태원, 대구직업학교(대구공고) 윤삼룡, 경북중학(경북고) 최두환 등 7명은 심신 단련과 연구를 목적으로 하는 단체 조직을 계획한다. 그 이후 대구상업학교의 이상호李相虎, 서상교徐尙敎, 김상길金相吉 등 26명의 학생들은 비밀 결사 '태극단'을 결성한다. 이들은 조국 독립을 위해 헌신하기로 결의한 후, 일본군 입대 반대 유인물 배포, 독립정신 고취를 위한 학술연구 토론회 개최, 군사 서적 번역, 글라이더 및 폭발물 제조 연구 등도 추진한다. 이상호(사진 위)가 단장, 서상교(사진 가운데)가 체육국장, 김상길(사진 아래)이 관방국장을 맡는다.

이들은 앞산 안일사에서 결성식을 개최하려다 참석자가 적어 포기하고, 다시 6월 6일을 기해 결성식을 가지기로 한다. 일제 경찰이 이를 알고 5월 23일 이상호를 체포한다. 이상호는 끝까지 자기 혼자서 일을 도모했다고 버티지만 일경이 집을 수색하자 태극단원 명단 등이 발견된다.

5월 27일 나머지 25명도 모두 체포된다. 조사를 받는 과정에서 악랄한 고문을 당한 이준윤李浚允이 먼저 순국하고, 이원현李

낸 대상인'은 공백으로 남아 있다.

元鉉도 병보석으로 풀려난 뒤 사망4)하는 등 모두 4명이 고문 후유증으로 세상을 떠난다. 10년 형을 선고받고 감옥에 갇혀 있던 이상호도 광복 직후 순국한다. 이상호·서상교·김상길·김정진金正鎭·이원현·윤삼룡尹三龍 등 6명이 재판에 회부되어 10년~2년의 형을 선고받는다.

주동 인물 중 서상교 지사는 2018년 3월 13일 향년 95세로, 김상길 지사는 2018년 4월 22일 향년 92세로 타계한다. 국가보훈부 누리집의 '독립운동가 공훈록'을 살펴보면 태극단 지사들은 공적 내용이 거의 같다. 함께 태극단을 결성했고, 함께 활동했고, 함께 체포되었기 때문이다. 이상호 지사 부분을 읽어본다.

생몰년도 : 1926.2.19.~1945.12.9.
출신지 : 대구
운동 계열 : 학생운동
훈격(연도) : 독립장(1963)
공적 내용 : 대구상업학교 재학 중 1945년 5월에 동교생 김상길·서상교 등과 함께 조국의 독립을 위해 목숨을 바치기로 맹세하고 항일학생결사 태극단을 조직하였다. 이때 태극단이란

---

4) 2013년 12월 13일자 영남일보에 박진관 기자가 생전의 서상교 지사와 인터뷰를 한 내용이 실려 있다. 기자가 '어느 형무소에 수감됐나?'라고 묻자 서상교 지사가 답변한다. "6명이 형을 받았다. 이상호와 김정진은 김천 형무소로, 나와 김상길, 이원현은 인천 형무소로 각각 갔다. 이원현은 내가 가입시켰는데 형무소에서 병을 얻어 45년 5월 단오 때 광복도 보지 못하고 죽었다. 매년 5월과 8월이 되면 죄책감으로 잠을 잘 수가 없었다."

명칭은 한말 이래 사용되어온 태극기를 상징하여 정한 것이며, 동 결사의 약칭으로 T.K.D를 사용하기도 했다.

이 무렵 일제는 태평양전쟁을 도발하여 마지막 발악을 하던 때로 감시와 탄압을 더욱 가혹하게 했으나, 그와 동지들은 일본군 입대 반대 등 일제 식민통치에 대항하는 내용의 유인물을 만들어 뿌리면서 독립정신을 고취하는 한편 조직 확대를 위해 동지 포섭 활동에 주력하였다. 그리하여 이들은 1943년 4월에 김정진·이준윤·이원현·윤삼룡 등을 동지로 포섭한 것을 비롯하여 학교 단위로 조직을 확대해 나갔다. 동년 5월에는 그 동안 가입한 단원을 포함하여 전원이 대구시 앞산인 비파산琵琶山 약수터에 모여 결단식을 가졌으며, 그와 간부들은 구체적 투쟁 방안에 관하여 협의하고 조직을 정비하였다.

태극단의 조직은 크게 일반 조직, 특수 조직으로 나누었으며 최고의결기관으로 간부회의를 구성하였다. 그리고 일반조직은 다시 육성부育成府 아래 관방국官房局·체육국體育局·과학국科學局 등 3국을 두고, 그 밑에 군사부軍事部·항공부航空部 등 10여 부를 두어 체계화했으며, 특수조직은 건아대健兒隊라 칭하여 중학교 1·2학년생과 국민학교 상급반 학생을 대원으로 가입시켜 이들을 장차 단원으로 육성하는 데 목적이 있었다.

이때 그는 단장으로 선임되어 동 결사를 통솔하며 지도하였다. 한편 태극단의 투쟁 방략은 조직 확대를 통하여 전국의 학교와 각 지역별로 조직을 완성한 후 여론을 환기시키며 본격적인 항일 투쟁을 전개하는 것인데, 만약 국내에서의 투쟁이 여의치 못할 때에는 중국으로 집단 망명하여 그곳에서 항쟁을 계속

한다는 계획도 세웠다.

그리하여 단원들은 용두산龍頭山·비파산 등 비밀장소를 이용하여 학술연구 토론회·각종 체육회 등을 개최하여 동지간 유대의식과 민족적 교양의 함양 및 체력 증강에 힘을 쏟았다. 또한 궁극의 목적을 달성하기 위해 군사학 연구에도 정진하여 군사관계 서적의 번역, 글라이더 및 폭발물 제조에 관한 연구를 추진하였다.

그러나 1943년 5월 배반자의 밀고로 태극단의 조직과 활동이 일경에 발각되었고 이로 인하여 그도 피체되었다.[5] 그는 모진 고문을 당하다가[6] 1944년 1월 대구지방법원에서 소위 '치안유지법' 위반으로 징역 단기 5년, 장기 10년형을 언도받고 김천소년형무소에서 옥고를 치르던 중 1945년 2월 병보석으로 출옥

---

5) 박진관 기자의 서상교 지사 인터뷰 기사 중에 '서 지사는 2003년 대구상고에서 열린 태극단독립운동기념탑 제막식을 끝내고 회식자리에서 한 인사가 자기가 그랬다고 동지들에게 실토했다고 말했다.' 기자가 '그를 어떻게 했나?'라고 묻자 서 지사는 "과거의 일이니 이해하고 용서했다."라는 언급이 있다.

6) 박진관 기자의 서상교 지사 인터뷰 기사는 <가위로 손톱 뽑는 지독한 고문당해… 그 친일 형사 광복 후 경찰서장 됐다>라는 제목부터 독자를 답답하게 만든다. "몽둥이로 맞고 주리를 틀렸다. 공모자가 더 없느냐고 고문을 했는데 망치로 손톱을 때리거나 철사 자르는 가위로 손톱을 뽑기도 했다." 혹독하게 당한 고문을 회상하는 서 지사에게 기자가 '주로 누가 고문을 했습니까?'라고 묻는다. "친일형사 김봉생이란 자가 고문을 했다. 지독한 놈이다. 그런 자가 나중에 왜관 경찰서장, 포항 연일면장을 했다고 들었다. 그때 친일청산 제대로 했어야만 했다."

하였으나 잔학한 고문의 후유증으로 인해 1945년 12월 9일 순국하였다. 정부는 그의 공훈을 기리기 위해 1963년 건국훈장 독립장을 추서하였다.

태극단 독립운동가들은 이상호, 김상길, 서상교 지사가 건국훈장 독립장, 이원현, 이준연 지사가 애국장, 김정진, 윤삼룡, 이태원李兌遠, 정환진鄭晥鎭, 정광해鄭光海 지사가 애족장을 받았다. 그러나 독립 선열들이 자신의 모교 누리집에도 제대로 등장하지 않는 상황에 훈장을 받아 농 안에 넣어둔들 무슨 소용일까!

그뿐이 아니다. 달서구 상인동 1번지 상원고교 야구장 뒤편(달서공고 정문 앞)에는 태극단기념사업회가 2003년에 세운 기념탑이 있지만, 대구상업학교 건물 중 한 채만 남아 있는 중구 대봉1동 60-10번지 태극단 투쟁의 현장에는 독립운동과 관련하여 한 마디의 '안내 말씀'도 없다.

달서구 앞산순환로 12-60
첨운재(일명 송석정)
조선국권회복단 창립을 논의한 산속 별서

  윤상태尹相泰(1882~1942)는 나이 23세인 1905년 1월 거제 군수에 취임했다. 그런데 열 달 뒤인 11월 을사늑약乙巳勒約[7]이 체결되었다. 그는 군수 자리를 던지고 경북 고령군 성산면 우곡동에 은거했다.

  그는 1911년 우곡동에 일신日新학교를 세워 신교육 운동을 펼쳤고, 1913년에는 대구은행 설립에도 참여했다. 1915년 2월 28일 서상일徐相日, 이시영李始榮, 박영모朴永模, 홍주일洪宙一 등과 함께 안일암安逸庵에서 시회詩會를 가장해 비밀결사 조선국권회복단 중앙총부朝鮮國權恢復團中央總部(지부는 마산에 설치)를 결성했다. 그는 통령統領에 선임되어 단체를 이끌었다(139쪽 참조).

  1917년 비밀결사 대동청년당大同靑年黨에 가입했다. 그는 3·1 독립운동 당시 경남 일원의 시위를 대동청년 단원 변상태卞相泰, 김관제金觀濟 등이 주도하도록 이끌었다. 조선국권회복단은 3·1 운동의 영향으로 탄생한 임시정부에 군자금을 지원했다.

---

  7) 1905년 11월 17일, 일본이 대한제국을 강압해 체결한 조약이다. 외교권 박탈과 통감부 설치 등을 주요 내용으로 하는 이 조약으로 대한제국은 사실상 일본의 식민지가 되었다.

윤 지사는 파리강화회의에 제출할 독립청원서가 상해로 보내는 데 필요한 자금도 지원했다. 이 일로 체포되어 옥고를 치른 그는 지금의 월곡역사공원 동북쪽 솔숲 아래에 덕산학교를 세워 항일 민족교육 운동을 계속했다. 선생을 추모하는 뜻에서 국가보훈부 독립유공자 공훈록을 다시 읽어본다.

윤상태尹相泰(1882.9.30.~1942.11.11)
본적 : 경상북도 달성군 월배 상인 909

경북 달성 사람이다. 대한제국 정부에서 군수로 재임 중 을사늑약이 체결되자 사임하고 낙향하였다. 그 후 1911년 고령에 일신학교日新學校를 설립하여 교육을 통한 국권회복운동을 전개하였다.

그러다가 1915년 2월 28일 박상진·서상일·이시영·박영모·홍주일 등과 함께 달성군 안일암安逸庵에서 시회詩會를 가장하여 비밀결사 조선국권회복단 중앙총부를 결성하고 통령統領에 선임되어 동단을 이끌었다.

동단은 대구를 중심으로 주로 경상우도慶尙右道 지역8)의 중산층 이상 혁신 유림9)들이 참여하여 사립 교육기관과 곡물상의 상업조직을 통하여 독립군을 지원한 구국경제활동단체였다. 서상일의 태궁상점太弓商店, 윤한병의 향산상회香山商會, 안희제의 백산상회白山商會의 경영에도 참여하여 독립운동의 거점으로 삼았으며, 1917년 비밀결사 대동청년당大同靑年黨에 가입하여 3·1 독립운동 당시에는

---

8) 낙동강과 동해안 사이의 경상도 지역
9) 혁신유림革新儒林: 왕 없는 공화정을 지지한 유교 선비들

동단의 변상태·김관제로 하여금 경남 일원에서 만세시위를 주도케 하였다.

1919년 3·1독립운동의 영향으로 국외의 많은 애국지사들이 임시정부를 조직하고 독립군을 양성하는 등 독립운동의 기운이 고조되자, 조선국권회복단 중앙총부에서 단원들의 군자금 모금을 통해 이에 필요한 독립운동 자금을 지원하였다.

또한 1919년 4월 장석영·김응섭·조긍섭이 주관하여 파리강화회의10)에 제출할 독립청원서를 작성, 영문으로 번역케 하였으며, 김응섭·남형우가 이를 휴대하고 상해上海로 건너갈 수 있도록 자금을 지원하였다.

이 일로 일경에 붙잡혀 옥고를 치렀다. 출옥 후 그는 향리인 달성군에서 덕산학교德山學校·송석정松石亭·회보당會輔當 등의 교육기관을 세워 항일민족교육운동을 계속했다고 한다. 정부에서는 고인의 공훈을 기려 1991년 건국훈장 애국장(1977년 대통령표창)을 추서하였다.

첨운재瞻雲齋는 달서구 청소년수련관(상화로 420)에서 정면으로 바라보이는 앞산 비탈에 있다. 청소년수련관 코앞에 앞산 터널로 들어가는 도로를 건너는 육교가 설치되어 있는데, 그것을 넘으면 바로 앞산자락길로 이어진다. 육교 끝에서 왼쪽으로

---

10) 1919년 1월 18일부터 6월 28일까지 파리에서 개최된 국제회의로, 독일을 비롯한 패전국의 식민지 처리 등 제1차 세계대전 종전 이후 문제들을 다루었다. 그러나 우리나라는 승전국 일본의 식민지였던 관계로 논의 대상에 들어가지 못했다.

200m쯤 가면 임휴사로 올라가는 도로가 나타나고, 오른쪽으로 접어들면 월곡지 곁을 지나 앞산 능선으로 향하는 등산로를 걷게 된다. 첨운재는 월곡지 방향으로 300m쯤의 오른쪽 비탈에 있다. 모르고 가도 길섶에 안내판이 세워져 있으므로 못 찾을 일은 없다. (아래 사진 : 윤상태 지사, 첨운재)

현장 안내판에 윤상태 지사의 〈월배 6경〉 중 '임암 효종'이 소개되어 있다. 원작 6편을 모두 감상하는 보람을 맛보기 위해 (2022년 2월 28일~3월 4일 달서구청에서 개최되었던) '독립운동가 윤상태 자료전'의 한글 번역문을 다시 읽어본다.

토현신월兎峴新月 : 토끼고개의 초승달
눈썹 같은 달이 산 위로 솟아 하얀 기운 새로워졌다.
갈고리 모양 차가운 옥 맑아서 티끌이라고는 없구나.
거문고 가져와 홀로 바라보며 난간머리에 앉았노라.

청초한 맛에 저절로 그림 속 사람 된 듯하네
* 토현 : 달비골에서 수밭으로 넘어가는 고개

배잠낙조盃岑落照 : 배잠에 지는 해
뉘엿뉘엿 지는 해 서쪽 산으로 내려앉으며
한 줄기 밝은 노을 엷은 구름 거두네.
말고 고움 견줘 보니 아침 햇살보다 나은데
푸른 연기가 감싸고 감싸 평평한 숲을 가두네
* 배잠 : 화원동산, 일명 배성盃城이라고도 함

임암효종臨庵曉鐘 : 임휴사의 새벽종
어렴풋한 숲 끝에 초가 암자가 있어
새벽 되자 희미한 종소리 개울 남쪽까지 들리네
저기 샘물 소리와 어울려 빈 골짝에 메아리치니
은둔자의 게으른 한잠을 흔들어서 깨우네
* 임암 : 임휴사

낙강귀범洛江歸帆 : 낙동강에 돌아오는 배
멀리 떨어진 강가에 저물녘 돌아오는 돛단배
바람 받아 너풀너풀 석양에 돌아오누나
깨끗하고 고요한 절로 강호의 풍광을 실어오기에
술동이 가지고 달지나 길 기다림이 더욱 좋구나

도원초적桃源樵笛 : 동원동 나무꾼의 피리소리

한 곡조 피리 부는 저녁 산의 나무꾼
끊어질 듯 이어지는 소리, 잡되고 소란함이 없구나
옳구나! 여기가 도원에서 멀지 않으니
소 타고 비스듬히 피리 부는 모두가 신선의 무리일레라.

가야운장伽倻雲帳 : 가야산의 구름 장막
우뚝 솟은 웅장한 소반 햇살 받으며 구름 띠어서
항상 비 기운 품어 어두워지기를 쉽게 하는구나.
비록 그림 솜씨 있어 진짜 형상을 그려낸대도
맑았다. 흐렸다. 변하는 환상적 모습 그려내기 어려우리

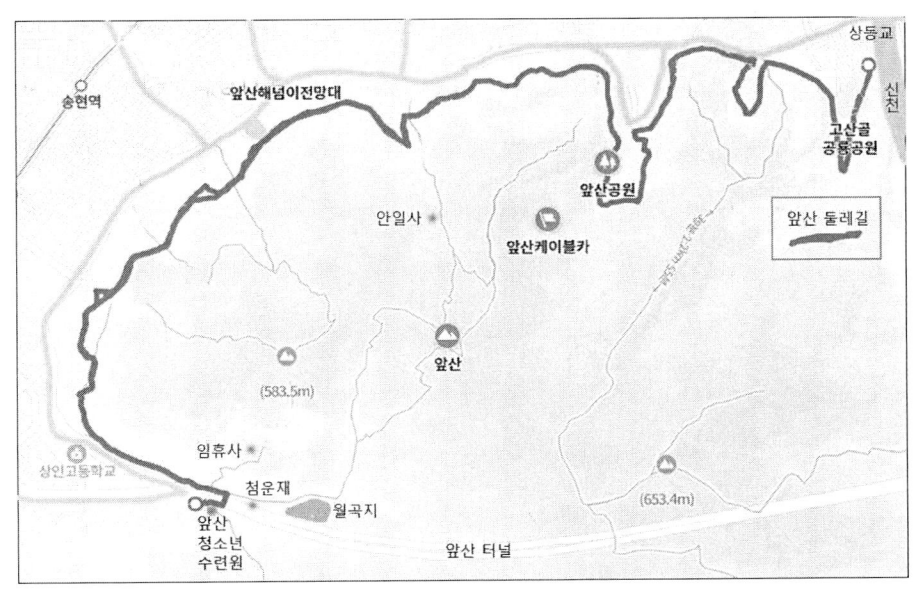

첨운재, 안일사 및 앞산둘레길 지도

달서구 송현로7길 38

월곡역사공원
파리장서비, 우하교 비, 우병기 비

    달서구 송현로7길 38 월곡역사공원 북쪽 출입구에 서서 그 앞 일대를 바라본다. 윤상태尹相泰(1882~1942) 지사의 고택과 덕산德山학교가 있었던 곳이다. 도시 개발이 진행되면서 윤상태 고택의 상인동 909번지와 덕산학교의 상인동 865번지에는 아파트와 공영 주차장 등이 들어섰고, 그 결과 지번 자체가 아예 멸실되어 버렸다.

    그에 견줘, 월곡역사공원은 그 존재가 뚜렷하다. 한 가문이 조상님을 기리고 문중의 역사를 지키기 위해 설립한 시설로는 역시 달서구에 존재하는 이장가 문화관과 더불어 첫 손가락을 다툴 만큼 정성껏 잘 만들어져 있다. 월곡역사공원이라는 이름은 우배선禹拜善(1569~1621) 임진왜란 의병장의 호 월곡月谷에서 왔다. 월곡은 앞산의 골짜기 중 달서구 도원동 쪽 계곡 '달비골'의 한자식 이름이다. 달비골에 있는 윤상태 독립지사 유적 첨운재 바로 위의 호수에 월곡지月谷池라는 이름이 붙은 것도 그래서이다.

    월곡역사공원은 박물관, 우배선 장군 좌상, 낙동서원, 의마총도 보여주지만, 독립운동 관련 파리장서비, 우병기 비, 우하교 비를 보유하고 있다는 점도 뽐내고 있다. **파리장서비**에는 '韓國儒林獨立運動巴里長書碑' 13글자가 새겨져 있다.

'한국 유림 독립운동 파리장서비'는 서울 장충단공원, 경남 거창, 전북 정읍, 경북 봉화 등 곳곳에 세워져 있는데, 이곳에도 건립되어 있는 것은 그만큼 월곡역사공원에 대단한 역사적 의의가 깃들어 있다는 사실을 강조하고 싶은 단양우씨 후손들의 소망 때문일 것이다. 물론 그 중 한 사람이 월곡 우배선이다.

파리장서비를 빗돌만 보고 파리장서운동에 대해서는 전혀 알지 못하는 채 지나간다면 어색한 일이다. 그래서 간략히 살펴본다. 파리巴里는 프랑스 수도 파리이고, 장서長書는 긴長 문서書이다. 1919년 기미독립만세운동 때 유림儒林은 별로 참여하지 않았다. 독립운동이 기본적으로 (왕을 두지 않는) 공화정共和政을 지향하고 왕정王政 폐지를 주창하고 있었으므로 군주君主에 대한 충성을 최대 가치로 믿는 유림들은 받아들이기 어려웠다.

3·1운동을 겪으면서 곽종석郭鍾錫·김복한金福漢 등 137명의 유림 대표들은 그런 인식이 시대착오적이라는 사실을 깨달았다. 그래서 조선 독립을 호소하는 탄원서를 작성하여 김창숙金昌淑을 통해 파리 만국평화회의에 제출하는 운동을 펼쳤다. 결국 대부분의 참가자들은 체포되고 일부는 국외로 망명하는 것으로 종결되었는데, 이를 독립운동사에서 파리장서운동이라 부른다.

한국유림독립운동파리장서비가 이곳 월곡역사공원에 세워져 있는 것은 단양우씨 문중에 파리장서운동 참여자가 다수 있다는 사실을 말해준다. 파리장서운동으로 구속된 선비들 137명 성함에는 우하교, 우동진, 우경동, 우성동, 우승기, 우찬기, 우하삼 등 단양우씨들이 상당히 많다. 이곳 월곡역사공원은 파리장서비가 건립될 만한 근거가 충분한 공간인 것이다.

파리장서비에 이어 '**우하교 비**'(애국지사 노암 단양우공지묘)의 주인공 우하교 지사에 대해 알아본다. 우하교禹夏敎(1872~1941) 지사는 (이하 "~"는 국가보훈부 독립유공자 공훈록의 내용임) "경북 달성達城 사람이다.

1915년 음력 1월 15일(양력 2월 28일) 윤상태尹相泰·박상진朴尙鎭·서상일徐相日·이시영李始榮 등과 함께 경북 달성군 안일암安逸庵에서 시회詩會를 가장하여 비밀결사 조선국권회복단 중앙총부를 조직하였다.

동단은 대구를 중심으로 주로 경상우도慶尙右道 지역의 중산층 이상의 혁신유림들이 참여하여 사립교육기관과 곡물상의 상업조직을 통하여 독립군을 지원한 구국경제활동단체였다.

1919년 3·1독립운동의 영향으로 국외의 많은 애국지사들이 임시정부를 조직하고 독립군을 양성하는 등 독립운동의 기운이 고조되자, 조선국권회복단 중앙총부에서 단원들의 군자금 모연을 통해 이에 필요한 독립운동 자금을 지원하였다.

한편 동단은 곽종석郭鍾錫·장석영張錫英 등의 유림들이 파리강화회의에 독립청원서를 제출하여 조국의 독립을 세계만방에 호소하려는 활동을 지원하였는데, 그는 동단과 유림들의 연락을 담당하는 한편 독립청원서에 서명하였다.

그러나 이 사건이 일제에 발각되어 1919년 8월 윤상태가 붙잡히자, 그는 예심에서 증인으로 불려나가 사건을 부인하였다가 동년 10월 소위 위증죄로 징역 6월형을 선고받았다.

정부에서는 고인의 공훈을 기리어 1990년에 건국훈장 애족장(1983년 대통령표창)을 추서하였다."

우하교 지사의 삶을 좀 더 실감나게 느낄 수 있도록 하기 위해 소설 형태로 소개하면 아래와 같습니다.

1918년 12월 초순 어느 날, 대구 앞산 달비골 첨운재에 선비 여럿이 모여 머리를 맞대고 있다. 조선국권회복단 중앙총부 단원들이다. 통령 윤상태가 먼저 운을 뗀다.

"우리가 조선국권회복단 중앙총부를 결성한 지가 어언 4년째를 눈앞에 두고 있소. 처음 창단할 때 단군 태황조太皇祖의 위패를 모시고 맹세한 바 그대로 우리는 그 동안 국권회복운동에 성심을 바쳐 일제와 싸워 왔소. 부지런히 독립운동 자금을 모아 중국에 보냈고, 친일 부호들을 겁박해 민족정기 회복을 촉구하기도 했고, 자주자강 정신이 열혈한 청년들을 독려해 만주의 민족 군관학교에 입학시키기도 했소.

  그 과정에서 여러 동지들이 감옥에 갇히고 고문을 당했으며, 풍기 광복단과 발전적으로 통합해 광복회를 결성했던 일부 동지들은 지금 감옥에서 순국할 운명의 날짜만 기다리고 있소. 상황이 그러한지라, 왜놈들의 형무소에 갇히지 않고 그런대로 자유의 몸인 우리들이 무엇인가 더욱 크게 몸을 일으켜야 마땅할 시점이오. 고견들을 말씀해 보십시다."

  윤상태의 모두 발언이 끝나기 무섭게 우하교가 목청에 힘을 실어 뜨겁게 부르짖는다. 그의 눈은 충혈되어 있고, 얼굴은 문득 살이 빠져버린 것인지 초췌한데다 파르르 떨기까지 한다.

  "3월 초순이면 온 나라를 뒤흔들 독립만세운동이 일어난다고 합니다. 그런데 유림은 만세운동에 참여하지 않기로 의견을 모았다 들었습니다. 세상에 이 무슨 어불성설語不成說입니까? 공자께서는 '선비는 행기유치行己有恥하고 언필신言必信해야 마땅하다!'라고 말씀하셨습니다. 자신의 잘못된 행동에 부끄러워할 줄 알고, 말에 신의를 담고 있어야 선비라는 가르침입니다.

  거족적 독립만세운동이 국권 회복 후 임금 없는 공화정을 도모하기 때문에 유림은 동참할 수 없다니요? 기이한 논리가 참으로 놀랍습니다. 허허, 이 부끄러움을 후손에게 어떤 말로 변명할 수 있을는지요?

  그 말을 듣고 원통한 마음에 잠을 이룰 수 없고 음식과 물이 목구멍을 넘어가지 않아 심히 괴롭습니다. 그런데 어젯밤 문득 돈오頓悟이 깨달음을 얻었으니 천지신명이 우리 유림을 어여삐 여기시어 도움을 베푸신 것이 아닌가 싶었습니다."

우하교의 발언에 참석자들이 모두 귀를 쫑긋 기울인다.

"오는 정월 18일 법국法國(프랑스) 파리에서 만국평화회의가 열린다고 합니다. 우리 한민족의 강인한 독립의지를 세계만방에 드높이 알릴 수 있는 천재일우의 기회임에 분명합니다. 미국米國(아메리카합중국)과 노국露國(러시아)이 서로 속뜻은 다르지만 겉으로는 앞다투어 민족자결주의를 외치고 있으니 그 점도 우리에게 도움이 될 것입니다. 기미독립선언 동참은 이미 불가능해졌지만, 그 과오를 만회하려면 파리 평화회의를 효율적으로 활용해야 합니다."

모두들 주먹을 불끈 쥐고 환한 낯빛을 지으며 우하교에 호응한다.

"묘책입니다! 국제정세를 정확하게 분석한 아주 시의적절한 독립운동 방안입니다."

"그렇습니다. 문제는 시간이 없다는 점입니다. 각국 수뇌들에게 우리의 독립을 호소하려면 파리에 적어도 보름 전까지 도착해야 합니다. 노암魯菴이 방책을 강구했으니 구체적 거사 계획도 세워두었으리라 싶습니다. 생각해둔 방안이 있으면 말씀을 해보시오."

우하교가 말을 잇는다.

"그렇습니다. 시간이 촉박하다는 점이 가장 큰 현안입니다. 그래서 외람되이 직접 독립청원서부터 작성하였습니다."

모두들 박수를 치면서 우하교를 칭찬한다. 이윽고 윤상태 등은 우하교가 쓴 독립청원서를 읽고 토론한 후 그를 성주에 거주하는 유림 대원로 장석영에게 보내어 자신들의 계획에 대해 가르침을 얻도록 하였다. 그런데 47세 우하교보다 21세나 연상이라 아버지뻘인 68세 장석영이 뜻밖의 소식을 전했다.

"이보게, 노암! 연부역강年富力强한 청년 유림들이 이처럼 훌륭한 계획을 도모해주니 늙은 내가 무엇이라 고맙다는 인사를 해야 할지 모르겠네. 천군만마를 얻는 지금 내 심정은 마치 가슴이 벅차 터질 것만 같다네."

우하교가 황송하여 어쩔 줄 모르는 표정으로,

"과찬의 말씀을 다하십니다. 다만 저희들이…."

하고 뒷말을 이으려는 찰나, 장석영이 독립만세운동 불참을 부끄럽게 생각하는 일부 원로 유림들이 얼마 전부터 추진 중인 거사에 대해 소개했다.

"지금 거창에서 면우俛宇(곽종석) 선생이 청원서를 쓰고 있다네. 장서長書가 완성되면 영남은 물론 한강 이남 각지 유림에도 돌려 연서명을 받은 후 성주의 심산心山(김창숙)을 임시정부로 보내어 그것이 파리 회의에 배포되도록 할 계획이라네."

그리하여 두 갈래로 추진되고 있던 파리장서운동이 일원화되고, 이윽고 최종 완성된 파리장서가 장석영에게 왔다. 장석영으로부터 장서를 받은 정종호는 그것을 옷솔기에 감추어 우하교에게 전달하였다. 부랴부랴 달려온 우하교로부터 파리장서를 받은 윤상태는 그것을 영문으로 번역하여 다시 김창숙에게 전했다.

김창숙은 137명이 연서명한 장서를 품에 고이 품고 그 길로 서해를 건넜다. 장서는 김규식이 들고 파리로 갔고, 인쇄되어 세계 각국 대표와 공관은 말할 것도 없고 국내 향교에 이르기까지 두루 배포되었다.

일제 경찰이 황급히 관련자 체포에 들어갔다. 74세 고령의 곽종석은 투옥되어 고문을 받는 등 후유증으로 그해에 순국했다. 대구에서도 우하교, 윤상태, 우동진, 장종호, 우경동, 우성동, 우승기, 우찬기, 우하삼, 서건수 등 많은 선비들이 구속되었다.

우하교 지사는 2년 전인 1917년 7월에도 조선국권회복단의 군자금 모집 활동 중 일제에 피체되어 옥고를 치렀었다.

그는 파리장서 사건으로 다시 투옥되어 고문을 당하고 수형 생활을 겪었다. 하지만 그토록 소망하고 염원했던 독립은 못 보고 1941년 세상을 떠났다. 대구 달서구 상인동 월곡역사공원 안에 '애국지사 노암 우공지묘, 배 유인 옥천전씨 부좌' 묘비가 세워져 있고, 가까이 '파리장서비'도 건립되어 있다. 그 중간쯤에 임진왜란 의병장 우배선 장군 좌상도 있어 월곡역사공원을 더욱 역사 탐방지답게 빛내주고 있다.

> 월곡역사공원에는 '**우병기 비**'(순국지사 월해 단양우공 휘 병기 추모비)도 있습니다. 국가보훈부 독립유공자 공훈록의 내용부터 읽어봅니다.

우병기 禹丙基(1903~1944)

일본 도쿄에서 양산 제조업에 종사하던 그는 1939년 11월 경부터 5명의 동지와 함께 조선독립을 목적으로 조선문제시국연구회 朝鮮問題時局研究會를 조직하였다. 이들은 1941년 8월까지 8회에 걸쳐 회합을 갖고 진천순모 鎭川淳模,

태원용太原勇, 방산상봉方山祥鳳, 봉곡태을蜂谷台乙, 결성시백結城時伯, 전윤필全允弼 등을 가입시켜 중일전쟁 및 통제경제에 관한 시국담을 논하면서 민족의식을 고취하였다.

그런데 이 일이 발각되면서 체포되어 1942년 3월 5일 청진재판소에서 소위 치안유지법 위반으로 징역 7년을 받고 옥고를 치르다가, 대전형무소에 이감된 후 1944년 10월 26일 옥중 순국하였다.

정부에서는 고인의 공훈을 기려 2005년에 건국훈장 애족장을 추서하였다.

우병기 지사의 삶을 좀 더 실감나게 느낄 수 있도록 하기 위해 소설 형태로 소개해보면 아래와 같습니다.

한 달쯤 전인 9월 30일에 환갑을 맞았던 윤상태가 요에 누운 채 신음하고 있다. 여느 보통사람이라면 고령 탓일 수도 있겠지만 윤상태는 그래서가 아니다. 문제가 따로 있다.

윤상태는 여러 차례 일제에 구속당해 고문과 투옥을 겪은 몸이라 본래부터 성한 데라고는 도무지 찾을 길 없는 육신이었다. 게다가 사흘 전에도 끌려가 모진 고문을 당한 끝에 겨우 풀려났다. 그날 이후 운명할 날이 오늘이냐, 내일이냐 하는 형편에 빠지고 말았다. 그런데도 윤상태는 겨우 내뱉는 신음 속에 어디론가 가보라는 말을 되풀이하고 있다.

"사, 상인동 이 일천, 구백 이, 일십 사, 삼 버, 번지에 다시 가, 가보아라. 다, 다시, 가, 가보아. 처 청천 혀 형무소로 끄, 끌려간 벼, 병기에, 에게서 오, 온 새, 소, 소식이 이, 있을지…."

옆을 지키고 있던 가족들이 안타까움에 겨워 윤상태의 양팔을 붙잡은 채 울부짖는다. 그 중에서도 겨우 국민학교 2학년인 손녀 윤이조의 어린 목소리가 특히 애달프다.

"할아버지! 이제 걱정 그만 하셔요. 우병기 아저씨는 아직 젊으니까 괜찮을 거예요. 할아버지부터 건강을 되찾아야 해요. 그래야 면회를 가도 갈 수 있을 것이잖아요?"

남편 윤상태의 마지막 소원을 들어주기 위해 우병기 부모가 거주하는 상인동 1913번지에 직접 다녀왔던 부인이 답변한다.

"내가 상인동 집으로 찾아갔을 때, 도쿄 아라카와구에서 우 지사와 한 집에 거주하고 있었던 관계로 일제 경관들이 들이닥쳤을 때 어떻게 막아보려다 심하게 폭행을 당했던 조카 종묵 씨도 소식이 궁금해서 마침 와 있었습니다. 그런데 청진 형무소로 지사가 끌려간 이후로는 새 소식이 전혀 없다고 합니다."

의식이 비록 혼미하고 발음도 제대로 되지 않는 지경이지만 말은 고스란히 알아들을 수 있는 까닭에, 윤상태의 얼굴에는 눈물이 가득 흘러내린다.

윤상태는 독립운동가들에게 군자금을 제공한 혐의로 잡혀갔다가 업혀서 집으로 돌아왔다. 일제는 윤상태가 투자한 조선무진회사를 자금줄로 지목한 후, 그를 고문기구에 매달아 놓고는 언제 얼마나 독립군에게 보냈느냐, 주식회사 문을 닫게 만들어야 실토를 하겠느냐며 갖은 악행을 다했다. 결국 주식 전부를 형사들에게 넘겨주는 조건으로 석방되었지만 윤상태는 이미 걸을 수도 없는 상태가 되고 말았다.

형사들은 고문할 때 우병기에 대해서도 심문을 했다. '우병기가 일본에서 독립운동자금을 조성해 불령선인들에게 제공하다가 붙잡혔다!'면서, '윤상태 당신도 우병기에게 돈을 주었을 것 아닌가? 언제, 얼마나 주었느냐?'가 저들 문초의 핵심 내용이었다.

우병기는 나이 서른하나이던 1934년 일본으로 건너가 독립운동에 매진하던 중 청진 형무소로 끌려갔다. 청진까지 압송되어 간 것은 우병기에게서 군자금을 받아 만주로 가던 독립지사가 그곳에서 체포된 때문이었다. 윤상태는 자신이 새운 민족교육기관 덕산학교를 졸업한 우병기가 일본으로 떠나던 그날을 아직도 생생히 기억하고 있다.

"선생님, 또 언제 뵈올 수 있을지 기약을 할 수가 없는 듯하여 인사를 드리러 왔습니다."

근래 보기 드물게 양복을 차려 입은 우병기가 윤상태를 찾아와 하직 인사를 했다. 윤상태가 놀란 얼굴로 우병기를 쳐다보았다.

"그게 무슨 말인가? 불과 열흘 전 양력 설에 만났을 때만 해도 아무 말이 없더니 갑자기 미국이나 구라파에라도 갈 일이 생긴 겐가?"

우병기가 싱긋이 웃으면서 대답했다.

"이봉창 의사가 이루지 못한 꿈을 제가 한번 완성해 보겠습니다."

더욱 놀란 윤상태가 되물었다.

"그게 무슨 말인가? 일본 왕을 죽이겠다고?"

"그렇습니다. 폭탄만 우수한 것으로 잘 준비하면 일본 왕 처단도 충분히 가능하다는 사실을 이봉창 의사는 증명해 주었습니다. 그저께 1월 8일은 이봉창 의사가 일본 왕에게 폭탄을 던진 지 두 해째 되는 날이었습니다. 선생님! 제가 올해로 이봉창 의사가 동경 거사를 감행하신 재작년과 같은 서른하나입니다. 더 나이를 먹으면 몸도 마음도 더 약해질 것이라고 생각하니, 이봉창 의사가 백범 김구 선생을 찾아뵙고 말씀드렸다는 그 대단한 발언이 제 가슴속을 마구 파헤쳤습니다."

"그래! 나도 이봉창 의사가 한 말을 생생하게 기억하지! 참으로 우리의 정신과 생활태도를 뒤흔들고 꾸짖는 놀라운 말씀을 하셨지!"

"제가 다시 한번 이봉창 의사의 말씀을 되풀이해 보겠습니다. '선생님! 제 나이 서른하나입니다. 앞으로 31년을 더 산다고 해서 늙은 나이에 무슨 즐거움이 대단하겠습니까? 저는 영원한 쾌락을 얻기 위해 독립운동에 헌신하고자 상해에 왔습니다. 저는 5년이나 10년을 더 사는 데에 아무런 흥미도 없습니다. 폭탄이 손에 들어오면 반드시 책임지고 일본왕을 죽이겠습니다!'"

윤상태는 더 할 말이 없었다. 우병기를 말릴 수도 없고, 격려할 수도 없었다. 문득 눈물을 흘리며 제자를 바라보기만 하는 윤상태를 향해 우병기가 마지막으로 한 마디 더 다짐했다.

"선생님! 덕산학교에서 배운 대로 살겠습니다. 학이시습지 불역열회 배운 것을 실천하면 그 얼마나 즐거운가! 공자의 말씀을 선생님께서는 그렇게 풀이해 주셨습니다. 부디 무탈하게 평강하게 잘 지내시기를 멀리서나마 잊지 않고 늘 기원 올리겠습니다. 선생님, 그럼 이만…. 언제 또 뵈올 수 있을는지…."

그렇게 떠나갔던 우병기이다. 그런데 가내 수공업으로 어렵사리 생계를 꾸려가며 거사를 도모할 기회를 엿보는 중에도 독립지사들에게 군자금을 지원하다가 발각되어 멀리 청진 형무소로 압송되고 말았다. 일본 왕 처단 거사는 미처 실행에 옮겨보기도 전이었다. 극심한 고문을 당한 끝에 1942년 3월 5일 징역 7년형을 언도받은 우병기 지사의 독립운동 투쟁은 여기서 끝나고 말 것인가.

제자가 어찌 되었는지 새로운 소식을 듣지 못한 채 윤상태는 그해 11월 11일 세상을 떴다. 우병기는 스승의 운명을 알지 못했다. 일제는 어느 누구도 윤상태 타계 소식을 우병기에게 발설하지 못하게 막았다. 장진홍 의사 자결 소식을 들은 옥중 수감 학생들이 대구 형무소 벽을 부수며 난동을 부렸던 1930년 6월 사례가 그들에게는 반면교사의 교훈이었다. 우병기가 윤상태 별세를 알게 되면 어떻게든 형무소를 시끄럽게 할 소지가 다분했기 때문이었다.

안중근 의사가 이토 히로부미를 처단한 지 45년째 된 1944년 10월 26일, 대전 형무소로 이감되어 있던 우병기 지사가 단말마적 비명을 지르며 절명했다. 어언 몇 달째 피만 토할 뿐 물도 겨우 삼켜온 지사였다.

"나라가 독립을 되찾을 때까지는 어떻게든 살아야 해!"

그렇게 입버릇처럼 말해 왔지만 참혹한 고문으로 쇠약해진 몸은 이미 그의 것이 아니라 하늘의 소유였다. 며칠 전, 마지막으로 그는 이렇게 말했었다.

"스승님! 떠나올 때 잘못 말씀드린 것이 화근이 되었습니다. 뵙지도 못하고 먼저 세상과 하직합니다. 송구하기 짝이 없습니다. 뒷날 재회하게 되었을 때 스승님으로부터 국권이 회복되었다는 기쁜 소식을 반드시 듣고 싶습니다. 이만 총총…."

달서구 명곡로 43

이장가 문화관·상화 기념관
우현서루에서 '빼앗긴 들'까지

달서구 명곡로 43에 '**이장가 문화관·상화 기념관**'이 있다. 이장가李庄家라는 어휘가 생소하게 느껴지는 사람에게도 상화相和는 아주 낯익은 이름이다. 〈빼앗긴 들에도 봄은 오는가〉로 온 국민에게 그 명성이 알려져 있는 민족시인 이상화!

'이장가 문화관'과 '상화 기념관'이 함께 옥호屋號를 구성하고 있는 모습은 이상화 시인이 이장가의 일원이라는 사실을 짐작하게 해준다. 건물 3층 외벽의 '이상정 장군 아트 스페이스' 또한 그렇다. 중국군 정규 장군으로서 대한민국임시정부를 도와 많은 활약을 했던 독립운동가 이상정 '장군'은 이상화 시인의 친형인데, 그는 대구 최초로 서양화 개인전을 열었던 화가이기도 하다. 그래서 '이장가 문화관·상화 기념관' 3층이 '이상정 장군 아트 스페이스'라는 이름의 미술(아트) 공간(스페이스)이 된 것이다.

'이장가 문화관·상화 기념관' 답사의 정화精華는 첫째, 전시장을 둘러보는 일이다. 전시장에서는 이장가李庄家라는 용어가 탄생한 배경과 우현서루를 알고, 이상정·상화 형제의 예술과 독립운동을 이해하는 것이 핵심이다. 둘째, 전시장 뒤 문중 묘역을 참배하는 일이다. 묘역에는 이상정·상화 형제, 할아버지 이동진, 큰아버지 이일우, 아버지 이시우, 그리고 상정·상화 형제의 뒷바라지를 해주었던 사촌형 이상악의 묘소 등이 있다.

이일우(사진), 이상정(왼쪽)·상화 형제의 묘소

'이장가 문화관·상화 기념관'을 답사하기 전에 그 토대인
'우현서루'와, 우현서루를 세운 **이동진·일우** 부자에 대해
알아야 합니다. 아래 내용을 먼저 읽으시기 바랍니다.

"1905년 을사늑약 체결로 국권 상실의 위기감이 고조되던 때 개화 자강 계열 운동을 계승해 전개된 국권회복운동을 애국계몽운동愛國啓蒙運動"11)이라 합니다. 그보다 1년 전인 1904년 4월

13일[12] 대구전보사大邱電報司 장長(정3품)에 임명된 현경운玄擎運은 정부 정보기관[13] 고위 공무원 신분이면서도 1908년 9월 15

---

11) 한국학중앙연구원, 〈애국계몽운동〉, 《한국민족문화대백과사전》.

12) 1904년(고종 41) 4월 13일 승정원일기에 '玄擎運 任 大邱電報司長', 6월 8일 관보에 '大邱電報司長 玄擎運'이 기록되어 있다.

13) 대구전보사의 '전보'를 간략한 내용을 담아 급히 보내는 우편물로 생각해 흔히 "현경운, 대구우체국장 역임" 식으로 기술한다. 대구전보사의 '전보'는 우편 개념이 아니라 통신 개념이다. / 대구우체국이라는 관서는 1905년 10월 21일 생겼고, 1903년 11월 1일 대구우편수취소, 1895년 10월 23일 대구우체사가 설립되었다. 그런데 1899년(광무 3년) 7월 13일자 관보에 "7월 10일 任 대구전보사 주사 판임관 6등 현경운" 기사가 있다. 즉 대구전보사와 대구우체국은 다른 기관이다. / 한국학중앙연구원, 《한국향토문화전자대전》, 〈러일 전쟁과 진해〉에 "일본은 1904년 2월 러일 전쟁을 일으키면서 대규모의 군대를 한반도에 진주시켜 주요 지역을 사실상 강점하였다. 이때 군사적 요충지였던 진해만 일대는 일본군의 일차적 점거 대상이었으므로, 이미 2월 6일 일본군이 불법적으로 마산포 일대를 점령하고 전보사와 우체사를 장악하였다."라는 부분이 있다. 이 기술 역시 전보사와 우체사가 다른 기관이라는 사실을 말해준다. / 국사편찬위원회 《신편 한국사》를 통해 전보사가 어떤 곳인지 알아본다. "조선정부는 1896년 7월 26일에 전보사관제를 제정하여, 전신사업의 재개를 체계적으로 추진하였다. 이 때는 아직 23부제가 실시되고 있는 시기여서, 〈전보사관제〉에 규정된 전보사 설치예정지는 이를 반영하여 우체사와 마찬가지로 23부 소재지와 원산을 포함하고 있으며, 이 이외의 설치예정지로는 경흥과 회령과 고성이 있다. 경흥과 회령은 러시아 전신선과의 연접을 의도하여 포함된 것으로 판단된다. 그러나 전보사는 이들 지역에 모두 설치되지는 않았다. 그 이유는 첫째는 〈전보사관제〉가 제정되고 얼마 있지 않아 지방제도가 13도제道制로 개정되어서 23부제를 바탕으로 한 전보사 설치예정지는 수정될 필요가 있었다. 둘째는 당시에는

일 우리나라 최대 애국계몽운동단체 대한협회大韓協會 대구지회 支會 교육부장敎育部長을 맡고, 다시 11월 6일부터 지회 부설 대구노동야학大邱勞動夜學('국민야학교國民夜學校') 교장으로 활동합니다14).

대한협회 대구지회 교육부장 현경운이 야학 초대 교장을 맡았을 때 대한협회 대구지회의 두 부장 중 한 사람(실업부장)이던 이일우李一雨가 야학의 교사로 일했습니다.15) 이일우는 자신의

청일전쟁 이전에 가설한 전신선을 복구하여 이들 지역에 전신업무를 재개하는 것에 초점이 맞추어졌고, 이 전신선의 복구를 넘어선 전신선의 확장은 별로 이루어지지 못하였는데, 이는 재정의 문제에 기인하는 것으로 판단된다. (중략) 대한제국의 전보사는 크게 여섯 종류의 지역으로 확장되었다. 첫째는 관찰도 소재지, 둘째는 새로 개항한 지역, 셋째는 외국인 개발광산이 소재한 지역, 셋째는 북로전선의 북쪽으로의 연장을 위한 거점, 다섯째는 한성 인접의 주요지역, 여섯째는 기설 전신선의 중간에 존재하는 지역이다. (중략) 당시 일본은 군용전선이라는 미명하에 경인전선과 경부전선을 운영하고 있었다. (하략)

14) 국사편찬위원회, 〈한국근현대잡지자료〉 중 '대한협회보 제8호(1908.11.25.)', 《한국사데이터베이스》. "九月 十五日 通常總會에 敎育部長은 玄擎運氏와 實業部長은 李一雨氏가 被選ᄒ다." / 국사편찬위원회, 〈국사관논총〉 제67집 '교육부문운동'에 "大邱支會는 9월 15일의 통상총회에서 교육·실업 2 부장을 선출하였는데, 교육부장에는 玄擎運을 선출하였다. (중략) 大邱支會는 1908년 5월 14일 총회에서 國民夜學校를 설립하기로 가결하였으며, 10월 2일의 통상평의회에서는 勞動夜學校 교수원 6인을 선정하였다."라는 진술이 있다. / 대한협회보 12 (1909.3.25.), 56쪽의 표현 : "11월 6일 通常評議會에서 노동야학교장 현경운 씨 代에 최시영 씨가 被選다."

15) 김일수, 〈대한제국 말기 대구지역 계몽운동과 대한협회 대

아버지 이동진李東珍과 함께 사비私費로 우현서루友弦書樓라는 도서관 겸 기숙사형 학교를 설립해 운영한 우국지사였습니다(우현서루는 경술국치 이후 일제에 의해 강제로 폐쇄됩니다). 우현서루는 "신교육구국운동의 움직임이 경북지방에서 최초로 나타나는 것은 이일우가 설립하는 시무학당時務學堂16)이다. 시무학당은 교육운동으로서 뿐만 아니라 구국운동의 측면에서도 의미가 매우 크다."17)라고 평가되는 구국교육운동기관입니다.

"이일우는 우현서루를 세우고 우현서루 내에 대한광학회를 창립하는 한편 국채보상운동에도 참여한 대구 지역의 애국계몽론자라 할 수 있다. 대구 대한협회 지회 총무를 지내기도 한 이일우는 정재학18), 이병학19) 등과 더불어 대구 지역 농상공업계를 주도하였다. 정재학과 이병학 등이 중추원 참의(현재의 국회의원 격)를 거친 데 비해 이일우는 일제의 중추원 참의 제의를 거절하였다.20) 지사적 성품을 가진 뜻 있는 인물"21) 이일우는

구지회〉,《민족문화논총》제 25집(영남대 민족문화연구소, 2002), 200쪽 : (〈대한협회 대구지회록〉에 따르면) 대한협회 대구지회는 1908년 5월 이일우의 제안으로 국문야학교를 세우기로 하고, 그 설립연구위원으로 이일우·이종면·백일용·서기하·김재열 등을 선정하였다. 6월에는 노동야학교를 개설하고 교장에 현경운, 교사에 최시영·이쾌영·이종면·김재열·이일우·김봉업·서기하·이은우·허협 등을 선정하였다.

16) 교육과정을 가진 학교 기능으로 시무학당이 설립되었고, 이것을 도서관 형태로 운영할 때는 우현서루라는 이름으로 불리었다.
17) 국사편찬위원회《한국사데이터베이스》〈국사관논총〉제58집.
18) 의열단 부단장 이종암의 고모부
19) 〈봄은 고양이로다〉 시인 이장희의 아버지

10년 선배 현경운이 대한협회 대구지회 교육부장을 맡을 당시 그 단체의 실업부장實業部長에 나란히 취임해(각주8) 두 핵심으로서 조직을 이끌었습니다.

이일우는 현진건의 절친한 벗 이상화의 큰아버지이고, 현경운은 현진건의 아버지입니다. 게다가 현진건의 장인 이길우李吉雨는 이일우의 친족입니다. (현진건이 1919년 6월 19일 귀국 이래 대구노동학교에서 열린 청년회의소 회의에 참석, 이상화와 나란히 찍은 사진이 남아 있습니다.)[22]

---

20) 백기만, 《씨 뿌린 사람들》(1957, 사조사). 조용완, 〈우리나라 근대 도서관 우현서루에 관한 고찰〉, 《한국문헌정보학회지》 제57집(2023.), 189쪽에서 재인용.

21) 박용찬, 〈근대계몽기 대구의 문학장 형성과 우현서루〉, 국어교육학회, 《국어교육연구》 제56집(2014.10.), 400쪽.

22) 대한협회는 1907년 11월 서울에서 창립되어 1910년 경술국치 직후(9월)까지 활동한 당시 우리나라 최대의 계몽운동단체이다. 대구지회는 1908년 3월 1일 창립되었고, 11월 지금은 멸실된 금호호텔 일대에서 대구노동야학을 열었다. 지회가 해산당한 뒤에도 노동야학은 계속 존립했다. 현진건과 이상화가 1919년 대구노동야학에서 열린 청년회의소 회의에 참석해 나란히 찍은 사진을 남긴 것은 그같은 내력에 연유한 결과물이다. 참고로 한국학중앙연구원 《한국향토문화전자대전》의 〈대구은사관大邱恩賜館〉을 읽어보면 다음과 같다 : 대구은사관은 1909년 1월 대한제국 순종 황제가 남순南巡할 때 대구를 방문하여 대한협회 대구지회에 하사한 2,000원을 기초로 지역 인사의 기부를 받아 건립한 건물이었다. 대구은사관은 대한협회 대구지회의 회관으로 사용되다 대한협회 대구지회가 해산된 뒤 민단소의 관리로 운영되었다. 대구은사관은 1919년 3·1운동 이후 대구청년회, 조선노동공제회 대구지회 등 각종 사회운동단체들의 공간이나 무산 아동

우현서루 교주校主이자 당대 대구 굴지의 민족자본가 이일우가 밤이면 야학에 가서 교사로 일하는 모습, 어떻습니까? 우리는, 이일우가 대단한 계몽교육운동가라는 사실을 극명하게 증언해주는 사례를 확인하고 있습니다. 우현서루를 강제로 폐쇄당한데 '엄청난 충격'[23]을 받아 사회활동을 중단하는 이일우가 야학교사로 일하는 놀라운 언행일치를 목격하고 있습니다. 그리고 이 일은 또한 이상화의 큰아버지 이일우와 현진건의 아버지 현경운이 매우 절친한 동지였음도 모자람 없이 말해주는 실화이기도 합니다.

이상화는 우현서루가 배출한 민족시인입니다. 이동진과 이일우의 정신이 우현서루를 낳았고, 수많은 우국지사들이 드나든 우현서루의 정신이 〈빼앗긴 들에도 봄은 오는가〉를 낳았습니다. 일제에 의해 우현서루가 강제로 폐쇄된 일은 곧 우리 민족이 농사지을 들판을 **빼앗긴** 통사痛史의 상징입니다.[24]

또한 할아버지 이동진과 큰아버지 이일우의 시를 보면, 정신

의 노동야학 공간으로도 활용되었다. 대구 은사관은 1930년대 초반 대구 지역 사회운동단체들이 대부분 해소되자 대구노동회가 1931년에 대구노동학원으로 운영하였다. 1932년 9월 '대구노동회의 횡령 사건' 이후 대구노동회가 일제 관헌에 의하여 강제 해산되고 대구노동학원이 폐쇄되면서, 대구 은사관은 방치된 것으로 보인다.

23) 《성남세고》 81쪽 박영권의 증언.

24) 조용완은 앞의 논문에서 최종한, 이상정 등이 "우현서루가 10여 년 운영되었다"라고 회고한 것은 우현서루 자체가 폐쇄된 때는 1911년이지만 그 후신인 강의원이 폐쇄된 1915년까지를 합산한 결과로 보았다.

만이 아니라 표현능력 또한 이상화 문학의 바탕이 할아버지 이동진과 큰아버지 이일우에, 즉 우현서루에 있다[25]는 사실을 확인할 수 있습니다. (지면상 두 분의 시 예시는 《이장가 시집》의 존재를 말씀드리는 것으로 미루고) 예화를 중심으로 우현서루와 이동진·일우 부자를 소개해보겠습니다.

이동진은 자신이 소유하고 있던 밭 260두락과 논 994두락 가운데 밭 80두락과 논 150두락을 친지들에게 나누어주고, 논 400두락은 종족들에게 농사를 짓도록 하는 한편, 거기서 얻어지는 소출로 공동경비를 마련하여 결혼, 상례, 가뭄 등에 어려움을 겪지 않도록 했다. 그래서 그 논밭을 이장李庄이라 하였고, 가문 명칭 이장가李庄家도 거기서 유래하였다.[26]

공(이동진)은 일찍이 오원梧院 산촌에 우거寓居하였는데 관청에서 아전을 파견하여 호포戶布를 독촉하며 마구 날뛰는 것을 보고 바로 이장里長을 불러 의논하기를, "돈 오만 팔천을 마련하여 막는다면 영원히 호포를 없앨 수 있겠소?" 하고는, 자신이 돈을 내어 그 숫자만큼 납입하게 하였다. 이로부터 이 마을에는 호포가 없었다.[27]

---

[25] 이상화의 형 이상정도 대구 최초의 현대시조 시인이다. 《개벽》 창간 2주년 기념호인 1922년 7월호(통권 25호)에 시조 두 편을 발표하면서 등단했다.
[26] 《성남세고》 중 박형남 〈제이장록후〉 45~50쪽.
[27] 앞의 조긍섭 〈전傳〉 113쪽(박영호 역) : 翁 嘗寓梧院山村 見官差來 督戶布頗隳突 卽招里正 議曰得錢五萬八千以防之 可以永蠲

매양 환과고독鰥寡孤獨28)의 사람을 보면 뭉클하게 불쌍히 여겨 위급한 일에 구휼하였다. 매번 명절이 되면 이웃 마을의 가난한 벗들에게는 반드시 물자로 도와주되 다른 사람이 요청하기 전에 도와주었고, 비록 소원하여 잘 알지 못하는 사람이라도 도움을 요청하면 완전히 푸대접한 적이 없었다. 무자년(1888)의 흉년에 지방민들을 구휼해 주었고, 또 떠돌아다니는 거지에게도 죽을 끓여 먹였는데 날마다 항상 수백 명이었다.29)

공(이동진)은 젊어서 글을 배웠으나 그만두고 나서 원금에 이자를 불려서 썩 많은 금액을 쌓게 되자 논밭을 넓게 사두었다. 이윽고 탄식하기를, "나만 홀로 이것을 누리고서 친족들을 구휼하지 않을 수 있겠는가?"라고 하였다. 그러나 공에게는 본래 기복期服·공복功服30)을 입을 가까운 친척이 없었으므로 먼 일가붙

戶布 於是 翁爲出錢 如其數納之 自是 一村無戶布

28) 늙은 홀아비, 늙은 홀어미, 고아, 의지할 데 없는 사람.

29) 《성남세고》 중 이일우 〈유사〉 101쪽 : 每見鰥寡孤獨之人 油然矜惻 緩急有恤 每値歲節 其於隣里窮交者 必有資助 而常在人請之先 雖疏遠不識人 未嘗有請求而全恝者 戊子之荒 賑給坊民 且於流丐者 爨粥以食之 日常數百人

30) 《성남세고》 박영호의 각주에 따르면, 기복期服은 일 년 동안 입는 상복이고, 공복功服은 9개월 동안 입는 대공大功과 5개월 동안 입는 소공小功의 상복을 말한다. 기복을 입는 친척은 조부모, 자녀, 장자처長子妻, 적손嫡孫, 형제자매, 백숙부모, 숙부, 고모, 조카, 처 등이다. 대공을 입는 친척은 종형제, 출가 전의 종자매, 중자부, 중손, 중손녀, 질부, 남편의 조부모, 남편의 백숙부모, 남편의 질부 등이다. 소공을 입는 친척은 종조부모, 재종형제, 종질, 종손

이를 헤아려보니 모두 65가구였다. 이에 벼논 427두락斗落을 나누어 별장別庄을 설치하고 그곳의 수입을 저축하였다가 매년 봄 2월에 가구마다 한 섬씩 주었으며, 설날이나 추석이 되면 200전錢을 주었다. 초상을 당한 자에게는 1만 전을, 시기가 지나도 장가가지 못한 자에게는 2만 전을, 시집가지 못한 자에게는 3만 전을 주었으며, 흉년을 만나면 마을 안이나 부모의 무덤이 있는 곳에 사는 사람들을 모두 진휼해주었다.31)

우현서루와 이일우 초상이 나타났다 사라졌다 하는 대구은행 북성로지점

(이동진의 아들 이일우도) 혼탁한 세상 물결에 홀로 맞섰으니 우뚝한 선각先覺이었도다. 해외로 연락하여 새로운 서적을 구입하였으며, 남에게 은혜를 베풀고 시절을 구제하여 교육하였도다. 수만 금을 희생하여 현루弦樓를 창설하였으며 많은 선비들을

등이다.

31) 《성남세고》 중 조긍섭 〈전傳〉 112~3쪽(박영호 역) : 翁少學書 既掇而操子母錢 積至屢鉅萬 廣置土田 既而歎曰 吾可獨享此 而不恤族親乎 然翁素無期功之親 計族人疏屬 總六十五家 乃割稻田四百二十七斗地 置別庄 貯其所入 每春二月 家給糧一石 正朝秋夕 則予錢二千 有喪者予一萬 過時未娶者二萬 未嫁者三萬 而其遇飢歲 里中及父母墳墓所在人 皆有賑給

초대하니 사방에서 다투어 찾아왔도다.32)

　원근에서 유학하는 자들이 학자금이 궁핍하다고 간청하면 반드시 넉넉하게 염려해주어 그들이 학업을 마치게 하였다.33) 예사로운 비용은 매우 심하게 절약하였으나 어려운 사람을 구휼하고 난리를 구제함에 이르러서는 비록 곳간을 털더라도 애당초 인색하고 아끼는 태도가 없었다. 이 때문에 선산, 칠곡, 현풍, 경산 등지의 수천 가구 가운데 여기에 힘입어 생활하는 자들이 그 덕을 갚고자 하여 바야흐로 돌에 새겨 칭송하기를 도모하였는데, 마침내 사람을 보내 일하는 비용을 지급하게 하고는 애써 말렸다.34) 경신년(1920) 봄에 약목면 동안리 온 동네가 수해를 만났을 때, 몸소 가서 위문하고 많은 액수를 내어 구휼해주었다.35)

---

　32) 앞의 박연조 〈제문〉 190~1쪽(박영호 역) : 頹波特立 卓然先覺 聯絡海外 購入新籍 推以惠人 救時敎育 犧牲巨萬 弦樓刱設 招延多士 四方爭趨
　33) 《성남세고》 중 이상악 〈유사〉 244쪽(박영호 역) : 遠近留學者 懇以學資困乏 則必優念而使之卒業焉
　34) 《성남세고》 중 박승조 〈행장〉 212쪽(박영호 역) : 等閒之費節約殊甚 而至於恤窮救亂 雖傾廩 初無吝惜之態 是以 善山漆谷玄風慶山等地數千戶 賴爲生活者 欲報其德 方謀刻石以頌之 竟使人給其役費而力寢之
　35) 위의 박승조 〈행장〉 212쪽(박영호 역) : 庚申春 若木東安一洞 陷爲水窟 躬往慰問 捐巨額以恤給

우현서루의 역사적 의의를 분명하게 알기 위해서는
당시 **국권회복운동의 흐름**을 살펴보아야 합니다.

"한국이 일제의 식민지로 전락한 후 1910년대에 전개된 독립운동의 직접적인 원류는 1905년 이후 국내외에서 추진된 국권회복운동이었다. 이는 보수 유림과 농민층이 연합해 전개한 의병운동과, 문명개화를 주장하는 신지식인 및 시민이 중심이 되어 추진한 구국계몽운동 두 계열이 있었다. 의병운동1)과 계몽운동2)은 추진 주체, 현실 인식, 이념적 지향성의 차이로 인해

---

1) 김기승, 〈한국 독립운동의 이념과 방략〉, 《새롭게 쓴 한국독립운동사 강의》(한올아카데미, 2020) 53쪽 : "의병운동의 사상적 기반은 성리학에 바탕을 둔 위정척사론이었다. 의병운동을 지도했던 보수 유림층은 당시의 현실을 과거 임진왜란의 상황에 비유해 야만족 일본이 국권을 침탈하고 있는 상황으로 파악했다. 그들은 유교문화의 도덕을 최고의 유일한 가치로 인식해 서구문화의 수용을 배척했으며, 서구문명을 수용한 일본을 반인륜적인 야만족으로 이해했다. 국권을 침탈한 일본에 대한 저항은 유교적 충군애국의 의리를 실천한다는 의미뿐만 아니라 야만족의 침입으로부터 유교적인 인륜질서를 지킨다는 대의명분을 갖고 있었다. 의병운동은 일제에 대한 무장투쟁, 친일 개화파와 민족 반역자에 대한 처단과 징벌이 주된 활동이었다. 이들이 추진한 국권회복운동은 존왕주의적 충군애국 의리에 토대를 두었고, 전통적인 유교문화와 질서를 수호하기 위한 것이었다. 따라서 국권회복이란 대한제국의 국권회복을 뜻하는 것이었고, 의병운동은 실추된 왕권의 회복을 통한 전통적 전제군주제 국가를 재건하는 복벽주의라 할 수 있다."
2) 김기승, 앞의 책, 54쪽 : "구국계몽운동은 서구적인 문명개

통합되지 못했다. 당시 두 운동이 결합되지 못해 민족적 역량이 분산되었던 것은 한국이 식민지화된 주요한 원인 중 하나가 되었다."3)

1907년 신민회 결성은 합일된 독립운동 노선이 정립되는 계기가 되었고, 1919년 만세운동과 대한민국 임시정부 수립은 우리나라 독립운동의 결정적 전환점이 되었다. "1904년부터 시작된 계몽운동은 초기에는 교육4)과 언론5)을 통해 국민을 계몽시

> 화의 필요성을 역설하면서 교육과 실업의 진흥을 통한 자강이 국권회복의 방법이라는 인식하에 전개되었다. 당시 계몽운동자들은 현실을 민족과 국가 간의 생존경쟁이 치열하게 전개되는 상황으로 인식하고, 강대국이 약소국을 침략하거나 식민지로 지배하는 약육강식을 천연의 공례公例로 이해했다. 그 결과 국권을 강탈한 일본을 타도 대상이라기보다는 민족과 국가의 실력을 겨루는 경쟁자로 파악했다.
>
> 이러한 논리는 국권 실추의 원인을 민족 내부에서 찾고 국권회복을 위한 전략으로 민족의 내부 역량을 어떻게 강화할 것인지에 중점을 두었다. 이에 서구적 문명 대국 건설을 지향해 신지식 교육, 지력 향상, 산업 발전을 통한 경제력 강화를 도모했다. 구국계몽운동을 추진한 개화자강 사상가들은 민족의 자강 양성이 국권회복의 유일한 방법임을 강조했다. 여기에서 민족의 자강력은 국민 개개인 역량의 총합으로 이해되었다. 그리고 자유민권사상의 수용과 함께 국가의 주권은 국민에게 있다는 인식이 확립되었다. 따라서 구국계몽운동에서 추구한 미래의 국가상은 대한제국이 아니라 국민주권주의에 입각한 입헌군주제를 의미하게 되었다. 당시는 형식적으로는 대한제국과 황제가 존재하고 있는 상황이었기 때문에 군주권을 부정하는 공화주의 이념이 전면에 등장하지는 못했다."

3) 김기승,《한국 독립운동의 이념과 방략》, 앞의 책, 52쪽.
4) 이동진 · 이일우 · 이상악 3대의 우현서루 설립과 운영

켜 부국강병을 이루는 것을 목표로 삼았으나, 1907년 신민회 등이 의병의 무장투쟁 방략을 수용하면서 국외 독립군 기지 개척을 모색하기에 이르렀다. 계몽운동은 의병의 정의론과 무장 방략을 수용하고, 의병은 계몽운동의 근대국가 이론을 받아들이면서 독립군에 합류할 수 있었다."6)

그렇게 바뀌고 발전해간 독립운동 방략의 면모를 현실에서 보여준 사례가 바로 우현서루이다. 우현서루는 단순히 신식 교육을 실시하는 근대적 학교를 뛰어넘어 구국계몽운동 차원에서 설립된 교육기관이었을 뿐만 아니라, 무장 독립지사들을 배출해내는 거점 역할을 한 시대정신의 상징 의숙義塾이었다. "일제가 한국인을 동화하고자 가장 역점을 둔 것 중 하나가 교육이었다. 일제는 1911년 '제1차 조선교육령'을 발표하면서 한국에서의 교육목표를 '충량한 제국 신민의 육성'에 두었다. 일제의 식민지 통치에 저항 없이 순응하는 한국인을 만들겠다는 의지의 표명이었다."7) 즉, 수많은 독립운동가들을 배출해내는 교육기관으로

---

5) 이일우의 후계자로서 장남 이상악은 1928년 안희제 등 민족주의 진영을 대표하는 인사들이 중외일보를 창간할 때 이사로 참여했다. (일제는 1907년에 만든 '보안법'을 확대 적용해 한국 내의 거의 모든 단체를 해산시키고, '신문지법'과 '출판법'을 확대 적용해 신문과 잡지 등의 출판물을 강제 폐간시켰다. 그 대신에 일제는 매일신보, 경성일보 등 조선총독부의 기관지 역할을 하는 어용 신문을 새로 발간했다.)

6) 장석홍, 〈자유와 독립 그리고 평화〉, 《새롭게 쓴 한국독립운동사 강의》, 16~17쪽.

7) 박맹수, 〈일제 강점기 통치의 성격과 특징〉, 《새롭게 쓴 한국독립운동사 강의》, 31쪽.

서 막중한 역할을 하다가 1911년 강제 폐교된 우현서루는 일본 제국주의에 정면으로 맞선 구국 독립운동체였다.

물론 우현서루와 연관이 있는 것으로 알려지는 독립운동 거물들 중 박은식과 이동휘 등이 우현서루에 머물렀다는 역사적 증좌가 없다는 시선도 없지 않다. 이는 결코 소홀히 지나쳐서는 안 되는 성찰이 담긴 의견이다. 그런 견해는 "우현서루가 대구 지역을 대표하는 지성적인 애국담론의 중심지였다는 사실"을 "왜곡하거나 과장해서는 안 된다"면서 "우현서루가 개설되어 있던 1904~10년 동안 박은식과 이동휘가 대구의 우현서루에 와서 기숙을 하며 학업을 닦을 만큼 여유가 있었던 것도 아니요, 박은식은 당시 중국 상해 망명 생활을, 이동휘는 블라디보스토크에서 공산주의 계열의 항일운동을 전개하고 있었던 기간이기 때문에 이들이 대구를 단순하게 방문한 것이 아니라 우현서루에 머물렀다는 증거를 제시할 수 있어야 이러한(이들이 우현서루를 거쳐나간 것으로) 논의가 성립될 수 있다"식 논리를 전개한다. 하지만 우현서루에 꼭 "머물렀다는 증거를 제시할 수 있어야", 또는 "기숙을 하며 학업을 닦"아야만 그가 우현서루 '사람'이 되는 것은 아니다.8) 임시정부는 한반도 안에 존재한 적이

---

8) 덴마크 질란드 섬 북부 엘시노어 시에 크론보르 성城이 있다. 크론보르 성은 흔히 '햄릿 성'이라 불린다. 하지만 크론보르 성은 햄릿과 아무 상관이 없다. 이 성은 북해 쪽에서 발트 해로 들어가는 배들이 반드시 지나가야 하는 해협에 있는 까닭에 덴마크 왕실이 통행세를 걷기 위해 축성했을 뿐이다. 셰익스피어는 이 성에 가보지도 않았고, 햄릿이라는 왕자가 산 적도 없다. 성문 안 한 쪽 담벽의 명판에는 '암레드라는 이름의 왕자가 바이킹 시대 이전

없었지만 수립 그 자체로 건국을 이루었고9) 이승만은 상해에 머물지 않았지만 대한민국임시정부의 대통령이었다.

게다가 이일우가 서울을 방문해 우국지사들과 담론을 나누고 국제정세를 살핀 후 돌아와 자신의 아버지 이동진과 더불어 우현서루를 개창한 1904년 당시 박은식과 이동휘는 중국 상해 또는 러시아 블라디보스토크로 망명해 국내를 떠나 있었던 것

에 (덴마크의 본토인) 유틀란트에 살았고, 삭소가 (저서《덴마크 국민사》에) 그의 이야기를 기록했다. 셰익스피어는 그의 이름을 햄릿으로 바꾸어 이 성과 연관시켰다.'라고 적혀 있다. 삭소 이후 키드라는 영국 극작가가 암레드 설화를 극화했고, 셰익스피어는 그것을 토대로 〈햄릿〉을 쓰면서 무대를 엘시노어로 옮겨놓았다. 《세계의 문학기행 2》(김성우, 1997)에 따르면, 인구 5만6,000명에 불과한 엘시노어 시는 해마다 20만 명의 관광객이 찾아오자 '성 안에 햄릿과 직접 관계되는 것이 한 가지도 있을 수 없기 때문에 (중략) 믿고 찾아오는 사람들에게 너무 아니라고만 할 수는 없어서 여름철이 되면 이따금 성 안의 넓은 안뜰에서 셰익스피어의 〈햄릿〉을 공연해 이들을 위로한다.'

9) 제헌헌법 전문(1948. 7. 17.) : 유구한 역사와 전통에 빛나는 우리들 대한국민은 기미 삼일운동으로 대한민국을 건립하여 세계에 선포한 위대한 독립정신을 계승하여 이제 민주독립국가를 재건함에 있어서 정의인도와 동포애로써 민족의 단결을 공고히 하며 모든 사회적 폐습을 타파하고 민주주의제 제도를 수립하여 정치, 경제, 사회, 문화의 모든 영역에 있어서 각인의 기회를 균등히 하고 능력을 최고도로 발휘케 하며 각인의 책임과 의무를 완수케 하여 안으로는 국민생활의 균등한 향상을 기하고 밖으로는 항구적인 국제평화의 유지에 노력하여 우리들과 우리들의 자손의 안전과 자유와 행복을 영원히 확보할 것을 결의하고 우리들의 정당 또 자유로히 선거된 대표로서 구성된 국회에서 단기 4281년 7월 12일 이 헌법을 제정한다.

이 아니라 서울 등 전국 각지에 학교를 세우는 과업에 골몰하고 있었다. 이 또한 매우 중요한 사실이다.

박은식(1859~1925)은 1898년 만민공동회[10] 문교부장급 간부로 활동하던 중 그해 창간된 황성신문 주필을 겸했는데, 1900년부터 경학원 강사와 한성사범학교 교수로서 교육진흥책을 논구하는 《겸곡문고》와 《학규신론》을 저술하였다. 이일우가 서울을 방문해 여러 지사들과 국가 정세를 논한 1904년[11] 대한매일신보가 창간되자 주필로 일했고, 장지연이 '시일야방성대곡'으로 신문사에 복귀할 수 없게 되자 1906~10년에는 황성신문 주필을 맡았다. 1906년 이래 대한자강회보[12]에 수많은 논설을 집필했고, 1907년에는 안창호·이동휘 등과 함께 신민회를 창립했다. 서북학교가 세운 협성학교 교장으로서 1908~9년 63개 지교 支校를 세우기도 했다. 그가 중국으로 망명한 때는 1911년 4월로, 윤세복[13]의 집에 1년 동안 머물면서 역사서를 썼다.

이동휘(1873~1935)는 1906년 강화도에 보창학교를 세운 이래

---

10) 1898년 2월 9일 만민공동회 개최(최초의 국회 기능)

11) 1904년 6월 일본인이 조선 정부에 황무지 개간권을 요구했다. 이에 반발한 우리나라 사람들이 7월 보안회를 결성해 강력한 반대시위를 벌였다. 마침내 일본측은 개간권 요구를 철회했다. 8월 일진회가 조직되었다.

12) 1906년 창립된 대한자강회는 1907년 대한협회로 재편되었다. 이일우가 대한협회 대구지부 실업부장, 현진건의 아버지 현경운이 교육부장을 맡아 '쌍두마차'로 일했다. 대한자강회의 연락기관이 광학사였는데, 우현서루가 대구광학회 사무소였다.

13) 밀양 출신 독립운동가로(1881~1960) 1906년부터 3년 동안 대구에서 공부했다.

그 산하에 21개 분교를 설립했고, 다시 2년 후 강화도 안에 56개의 사립학교를 증설했다. 한국학중앙연구원 《한국민족문화대백과》는 "이동휘는 무관 출신이긴 했으나 교육문화 사업에도 적지 않은 활동을 하였다. 강화도 진위대장으로 있으면서도 미국인 선교사 벙커와 박능일 목사를 움직여 강화도에 합일학교를 설립했고, 개성·평양·원산 등지에도 여러 학교를 설립했다. 또한, 민족계몽을 위한 단체로서 1906년 오상규·유진호 등 함경도 출신 청년들을 중심으로 한북흥학회漢北興學會를 조직, 1908년 서우학회西友學會와 합하여 서북학회西北學會로 발전시켰다. 1915년경 노령으로 망명, 그곳에서 한인사회당韓人社會黨을 조직하였다."라고 소개한다.

'팔운정(현 수창동)에 우현서루를 설립할 무렵인 30대 초반(1904년경)' 《소남 이일우 선생》, '경성중앙학교 시절의 상화(1916년)' 《이상화 선생》 (대구은행 북성로지점 게시 내용)

(앞에 언급하였듯이) 이일우가 일제 교육에 대한 거부반응을 관념에 머물지 않고 실천에 옮기는 언행일치를 보여준 것도 여간 놀라운 일이 아니다. 이일우는 식민교육의 폐해를 염려하여 대소가의 자녀들을 우현서루(시무학당)에 취학시켰다. 대구은행 출납계 주임으로 재직하던 중 1만5백여 원의 공금을 들고 1918

년 2월 압록강을 건넌 의열단 부단장 이종암(1896~1926)과, 〈봄은 고양이로다〉로 각광받은 시인 이장희(1900~1926)가 공립대구보통학교(대구초등학교) 동기생이었다는 사실을 생각하면, 바로 인근에 거주한 이일우가 조카 이상화 등을 일반 학교에 보내지 않은 일과, 현경운이 아들 현진건 등을 역시 학교 아닌 서당에 보낸 것은 그로부터 100년 이상 후대의 우리들이 가슴을 쓸어내리며 생각해보아야 할 '역사의 교훈'이다.

(역시 앞에 언급하였듯이) 1870년생 이일우는 자신보다 10세 많은 현경운(현진건의 아버지)과 매우 막역한 계몽운동 동지였다. 현진건이 이일우와 같은 월성이씨 문중 이길우의 사위가 되는 데에도 두 사람의 교유가 크게 작용했을 것으로 추정된다.

일반에 별로 알려지지 않은 내용으로, 대구전보사장에서 물러난 현경운은 1911년 금호호텔 부지 일원 샘밖골목에 세워진, 학생 70명·교사 5명 규모의 '대구노동야학' 교장으로 복무했다. 국가정보기관14) 대구 지역 책임자였던 현경운이 노동야학 교장으로 지역사회에 헌신했다는 사실 또한 참으로 놀라운 일이다.15)

현경운이 교장을 맡은 것은 그가 국민야학교라는 이름의 노

---

14) 청일전쟁을 앞두고 남해안에 상륙한 일본군이 가장 먼저 점거한 기관은 부산전보사와 창원전보사였다. 대구전보사大邱電報司 사장을 역임한 현경운을 대구우체국장을 지냈다고 소개하는 것은 잘못이다. 대구우체사가 개사한 때는 1895년, 대구우편수취소가 설치된 때는 1903년, 대구우편국으로 개칭되는 때는 1905년이다.

15) 대한협회 대구지회는 1908년 9월 15일 현경운을 교육부장으로 선출했다. 그 후 현경운은 대구노동야학 교장에 피선되었다.

동야학을 설립해 운영했던 대한협회 대구지회의 교육부장이었기 때문이다. 대한협회 대구지회는 교육부장과 실업부장을 두었는데, 실업부장이던 이일우는 교육부장 현경운을 도와 노동야학을 이끌어가는 교육운동에 헌신했다. 1911년은 우현서루가 일제에 의해 강제로 폐쇄된 해이다. 아버지 이동진의 뜻을 받들기 위해 대구 최초의 계몽교육기관을 세우고 이끌었던 이일우가, 그 우현서루가 일제에 의해 강제로 폐쇄되던 시점에 현경운이 세운 노동야학에서 교사로 일했다는 사실은 눈물겨운 일이다.

이상정·상화 형제와 **이장가**에 대한 빠른 이해를 돕기 위해 소설 형식으로 해설해보면 아래와 같습니다.

1925년 5월 어느 날, 저녁놀이 압록강 물가 통군정 기둥 사이를 마구 흘러 다닐 즈음, 우리 나이 서른 한창 젊은 사내가 강을 건넌다. 체격이 장대하고 얼굴 윤곽이 뚜렷한 품새가 한눈에 보아도 독립군 장군으로 여겨지는 인물이다. 하지만 사내의 실제 정체는 그런 짐작과 너무나 다르다.

"이토록 눈부신 경치를 보았으니 어찌 형이 그냥 지나칠 수 있겠소? 4년 전 대구 최초의 서양화 개인전을 연 계성학교 도화(미술)교사, 3년 전 역시 대구사람 최초로 《개벽》지에 현대시조를 발표한 문인, 그 이가 바로 나의 자랑스러운 상정 형님 아니오?"

동생 이상화의 목소리가 바로 이 시각, 바로 옆에서 떠들어 대는 양 들려온다. 물론 환청이다. 동생의 얼굴이 열차 차창 밖

압록강 푸른 물결을 배경으로 떠 있다.

헤어진 것이 이틀 전이다. 1908년에 지어져 한강 이남 최초 서양식 2층 학교 건물로 역사에 이름을 아로새긴 계성학교 아담스관 앞 숲속에서, 밤에, 아무도 몰래 형제는 이별을 하였다.

"형이 가는 곳이 중국 아니오? 독립운동 하러 떠나는 길이니 앞으로 다시 만날 수 있다고 아무도 장담못하오. 형이 단장을 맡고 있는 용진단 서상욱 단원이 서울 종로에서 독립만세운동을 벌인 일로 왜놈들이 형을 수배 중이니 각별히 조심을 하시오. 붙잡히면 북경까지 가기도 전에 죽은 목숨이오."

동생이 운다. 형이 먼 이국땅에서 죽을 것이라 생각하니, 캄캄한 밤중에도 훤히 보일 만큼 굵직한 눈물이 쏟아져 흐른다.

"인석이! 작년 12월에 발표한 시는 거짓이었더냐? 《개벽》에 발표한 〈허무교도의 찬송가〉에서 뭐랬지? 너는 '세상에서 얻은 모든 것은 목숨과 함께 던져버려라!' 하고 큰소리를 쳤다. 그래 놓고 지금 울고 있어?"

이상정은 위화도가 보이는 차창 밖에 동생의 웃는 얼굴이 비치는 것을 바라본다. '그래, 그래야지!' 하면서, 상정은 동생 상화의 어깨를 마음으로 툭툭 치고 위로한다. 하지만 황혼 속에 묻혀 아름다운 풍광을 뽐내고 있는 통군정이 다시 시야에 잡히자 그는 분노와 적개심으로 얼굴이 붉게 달아오른다. 차창 밖의 이상화가 불난 집에 부채질을 하듯이 말한다.

"복장으로 볼 때, 지금 통군정에서 노닐고 있는 저 작자들은 분명히 왜놈들이오!"

"통군정이 어떤 곳이냐? 북경으로 떠나는 사신 일행 또는 의주를 방문한 조선 국왕과 만조백관이 세상 풍속을 살피기 위해 꼭 들렀던 곳이다. 그런데 왜놈들이 차지하고 앉아서 놀고 있어? 내가 이놈들을 당장에!"

동생 상화가 말린다.

"그렇다고, 달리는 열차에서 뛰어내릴 수는 없는 일 아니오? 뛰어내려봤자 압록강 깊은 물속으로 가라앉아 물고기들 동무나 될 뿐이지."

상정이 되묻는다.

"물고기 밥이 되는 것은 아니고?"

상화가 문득 빙그레 웃으면서 대꾸한다.

"형은 운동이란 운동은 만능 아니오? 압록강 정도는 헤엄을 쳐서 단숨에 몇 번은 왕복을 할 터인데 무슨 물고기밥!"

상정이 동생의 어깨 너머로 바라보니 압록강 강물이 온통 불그스레하다. 5월 초순인데도 두견화가 물가 절벽에 가득하다.

아무래도 대구와는 계절 차이가 있는 모양이다. 보통은 두견화를 진달래라 부르지만 오늘만큼은 더욱 두견화라는 이름이 가슴에 사무친다.

나라와 아내까지 빼앗긴 뒤 아득한 벽지에서 유배 생활을 하던 끝에 마침내 죽음을 맞이하게 된 촉나라 망제가 두견새에게 '촉나라 백성들에게 내 심정을 좀 알려다오'라고 부탁했다. 두견새는 멀리 날아가 피를 토하며 울어 사람들에게 망제의 슬픔을 전했다. 두견새의 피가 묻은 진달래꽃은 그 이듬해, 다시 그 이듬해에도 붉은 선혈빛으로 해마다 피어났다. 사람들은 진달래를 두견화라 부르기도 했다.

"나라가 망했다는 것을 진달래도 아는 모양이다. 저 진달래를 좀 보아. 오늘도 붉은 핏빛으로 산천을 물들이고 있구나!"

상화도 고개를 돌려 산허리를 응시하노라 미처 대답이 없다. 동생의 옆구리 아래로 드문드문 논 갈고 모 심는 사람들이 상정의 눈에 들어온다. 베잠방이 흰바지를 입고 있는 품이 영락없이 우리나라 사람이다. 이상정이,

"우리나라 사람들이 경술국치 때 5만가량 간도에 거주했는데, 왜놈들의 잔혹한 수탈에 견디다 못해 고향을 버리고 이곳으로 떠나와서 사는 사람이 70만으로 늘었다더니, 과연 그렇구나! 내 이놈들을 지금 당장!"

하며 큰소리를 내지르는 기색으로 차창 밖을 응시하는데, 문득 동생은 온 데 간 데 없고 큰아버지 이일우가 자애로운 표정으로 상정을 바라보고 있다.

"중국에 당도한 이후에는 절대 조급한 성정으로 사람과 일을 대해서는 안 된다. 우보천리牛步千里, 들어보았을 것이다. 눈앞의 작은 성취에 연연해서는 큰일을 도모할 수 없다. 얻으려는 것이 나라와 민족의 독립을 위해 궁극적으로 보탬이 되는 것인지 늘 생각해야 한다. 지금의 선택이 미래의 꿈에 도움이 되는가[1], 끊임없이 따져본 다음 분명한 확신과 치밀한 계획을 바탕으로 실

---

1) 윤동한, 《우보천리牛步千里 동행만리同行萬里》(가디언, 2023), 38쪽.

천에 들어가야 한다."

이상정의 귀에, 큰아버지 이일우의 말씀은 마치 그런 훈화 내용을 담고 있는 듯 느껴진다.

이상정은 이일우에게 늘 불안한 조카였다. 그 불안은 본인의 품성이나 능력 탓이 아니라 국가 주권을 빼앗긴 채 살아가야 하는 식민지 상황 때문에 생겨난 시대적 불가항력의 소산이었으니 어떻게 해소할 도리도 없었다.

게다가 이일우는 조카 상정과 상화가 일제 교육에 물들까 염려되어 자신이 설립한 우현서루에서 공부시켰다. 독립운동가 이상정은 시대와 이일우가 함께 바란 인간형이었던 것이다.

그런 만큼 이일우는 더 더욱 조카들을 민족의 우뚝한 동량으로 보람있게 키워내고자 했고, 일제의 지독한 속박과 잔혹한 탄압으로부터 잘 보호하려 애썼다. 그래서 1919년 기미독립운동 때 일제 경찰에 끌려가 문초를 당할 때에도,

"죽은 동생의 아들 상정은 일본에 유학을 했었는데, 그에게도 재산이 3~4만 원[2] 있으니 무슨 일을 언제 해야겠다고 나한테 일일이 허락받을 것도 없다."

라는 요지로 진술하면서, 다음과 같이 결론을 말해 상정을 보호했었다.

"상정이 본래가 방탕무뢰해서 항상 내가 감독을 해오기는 했으나 지금부터 한 달쯤 전에 가출하여 행방이 묘연하다."[3]

---

[2] 현재 시세로 30~40억 원 수준
[3] 국사편찬위원회, 〈증인 이일우 신문조서〉, 《한민족독립운동

그랬었는데…, 6년 지난 지금 조카가 마침내 독립운동에 헌신하기 위해 품을 떠난다. 이일우로서는 네 번째로 겪는 최대의 심리적 곡절 상황이었다. 1910년 경술국치를 맞아 배달겨레의 한 사람으로서 받은 망극한 아픔과 슬픔이 처음이었고, 1911년 우현서루가 일제에 의해 강제 폐쇄당한 충격으로 '문을 닫고 칩거하면서, 다만 스스로 집안 일을 엄숙히 다스렸을 뿐'[4]이었던 것이 두 번째였다.

세 번째가 1919년 일제 경찰에 끌려가 상정의 행방을 추궁당하며 받은 온갖 고문과 겁박이었다. 네 번째가 오늘에 이르러 상정이 독립운동에 매진하기 위해 국외로 망명을 떠나는 순간이다.

앞으로, 가문에 밀어닥칠 일제의 탄압이 얼마나 지독할는지는 짐작과 상상을 해보지 않고도 가늠이 되고 남는다. 그러나 이일우는 용진단 사건으로 수배 상태인 상정이 은밀히 중국 망명 의사를 꺼내었을 때 단숨에 찬동하였다.

"단군의 자손으로 이 땅에 태어났는데, 어찌 왜놈들의 종으로 죽을 때까지 목숨을 연명할 수 있겠느냐? 정치와 군사로 일제에 맞서거나, 그렇게 못한다면 적어도 민족자본을 형성해 일선에서 의혈 투쟁하는 지사들을 도와야 한다.

잘 결심했다. 중국에 가서는, 매 순간순간 하는 일들이 장차 나라와 민족을 독립시키는 대의에 합당한가 끊임없이 반성관찰하면서 지혜롭고 용기있게 활동해야 할 것이야. 다만 누군가는 가문과 가업을 돌보아야 한다. 그 일은 나와 네 사촌형 상악相岳과 상무相武가

사자료집》 7집, 1988.
  4) 이상악, 〈유사〉, 《성남세고》(경진출판, 2016), 243쪽.

슬기롭게 처결할 터이니 그렇게 알고 마음을 놓도록 해라.

    너는 네 어머니와 세 동생들 걱정은 하지 말고 망명 생활을 잘 유지하는 데 심혈을 기울이기 바란다. 부디 몸조심하고, 헛되이 목숨을 버리는 일은 없도록 신중에 신중을 다해야 한다. 네가 겨우 열한 살 때 하세한 너의 아버지가 하늘에서 지켜보고 있고, 홀로 남은 너의 어머니, 그리고 동생들이 밤잠을 못 이루는 채 무사하다는 소식만 기다린다는 사실을 하시라도 잊어서는 안 된다. 알겠지?"

    그런 당부를 들었으니, 압록강 철교를 건너는 이상정의 눈앞에 큰아버지 이일우가 떠오른 것은 너무나 당연한 현상이었다. 아직 발생하지는 않았지만, 조카 이상정이 죽었다는 소문이 들려왔을 때 근심걱정에 사로잡혀 시[聞金陵兵事憶姪相定]까지 쓴 사람이 이일우였으니, 큰아버지와 조카 사이의 애틋한 정은 새삼 말하지 않아도 충분할 만큼 따뜻하면서도 애잔했던 것이다.

    금릉 군사 소식에 조카 상정을 그리워하다[聞金陵兵事憶姪相定]

悵望金陵思入微
슬프게 금릉南京을 바라보니 생각이 흐릿해지는데
紛紛離亂信書稀
끝없이 어지러운 세상에서 편지마저 어렵구나
十年風雪常多病
십년 동안 바람과 눈 맞아 많은 병 앓았는데
萬里兵塵獨未歸

만 리 밖 전쟁터에서 아직 못 돌아오지 못하네
江上殘梅懷故國
강가에 남은 매화는 고국을 그립게 하고
天涯明月倚寒衣
하늘 끝 밝은 달은 차가운 옷을 걸치게 하누나
園中鳴鶴待君久
뜰에서 우는 학이 너를 기다린 지 오래란다
回袖翩翾須莫違
소맷자락 펄럭이며 돌아오는 일 잊지 않기를

이상정은 29세에 중국으로 망명했다. 그런데 그가 죽었다는 소문이 대구에 있는 큰아버지 이일우에게 들려온다. 이일우는 둘째조카 상화를 은밀히 압록강 너머로 보내 사실 여부를 확인한다. 결국 그 일이 탄로나 이상화는 일경에 끌려가 모진 고문을 당한다.

지난 일들을 돌이켜보며 중국 쪽을 응시하는 이일우의 눈길은 저절로 슬퍼지고, 생각들도 흐릿해진다. 소식이라도 잘 듣고 지냈으면 좋으련만 …; 지금의 조선은 유명 독립운동가 조카와, 우현서루를 운영하다 강제 폐쇄당한 민족자본가 사이에 원활하게 편지가 오갈 수 있는 그런 세상이 못 된다.

이상정이 압록강을 건너간 지 어느덧 10년이 지났다. 큰아버지 이일우의 짐작으로는, 타국에서 어렵게 생활하느라 조카가 온갖 병도 앓았을 것이다. 그렇지만 집으로 돌아올 수 없는 사람이 조카 이상정이다. 만리 밖에서 오늘도 독립전쟁을 수행하고 있기 때문이다. 그런즉, 강가에 조금 남아 있는 매화꽃만 보아도 고국이 그리울 것이고, 하늘 끝에 걸려 있는 달빛을 받아도 입고 있는 옷이 더욱 차갑게 싸늘해질 것이다.

집 뜰에서 학이 울며 너를 기다린 지 오래되었다. 조카야. 그 학이 누군지는 굳이 말하지 않아도 알련다? 너의 어머니, 너의 동생들, 사촌 형제들, 너의 큰어머니, 그리고 나까지 … 모두가 목을 길게 떨면서 날마다 울고 있단다. 다치지 않고 살아서 힘차게 돌아와야 한다! 결코 그 점을 잊지 말라!

상정이 차창을 정면으로 바라보니, 큰아버지와 동생이 모두 사라지고 그 대신 봉황성이 멀리 위용을 뽐내며 앉아 있다. 오골성이라는 이름으로 많이 알려진 봉황성은 고구려 산성 중 가장 규모가 큰 요충지로, 요동성·안시성과 더불어 당나라 침략군에 맞서 큰 전투를 벌였던 곳이다.

개관산역을 지나고 통원보를 통과한다. 다시 연산관을 앞두고 초하구가 나타난다. 초하구는 효종이 왕자 시절 청나라에 볼모로 끌려가던 중 시를 남겼던 곳이다.

청석령 지나거나 초하구가 어드메뇨
호풍도 차도 찰샤 궂은비는 무슨 일고
아무나 행색 그려내어 님 계신 데 드리고져

그 노래를 혼자서 읊조려 본다. '압록강을 건넌 지가 언젠데 이제야 청석령을 지나네…. 그렇다면 초하구는 어디쯤이냐? 오랑캐땅 찬바람이 차기도 차구나. 게다가 궂은비까지 추적추적 내리누나. 누구든지 나의 이 초라한 모습을 그림으로 그려서 부왕父王께 좀 전해드리려무나.'

이윽고 본격적으로 요동평야가 펼쳐진다. 박지원의 말대로 울고 싶기도 하고 속이 시원하기도 하다. 너무나 넓은 광야라 새벽녘 들에서 돋은 달이 황혼녘이면 들로 다시 들어간다.

오후 2시경 심양에 닿았다. 심양은 심수 북쪽에 있는 땅이라는 뜻인데, 대조영이 발해 도읍으로 삼았던 동모산 일원이다. 그런데 그 이후 어찌되었나? 중국에 빼앗겼고, 머잖아 왜놈들이 차지하게 될 판이다. 가는 곳마다 본래는 우리 땅이었는데 중국인들이 주인 노릇을 하고 있고, 심지어는 왜놈들 차지가 되었다. 그 생각을 하노라면 저절로 울분이 치솟는다. 이때 낯익은 얼굴이 만면 가득 함박웃음을 머금은 채 나타난다.

"어서 오시게, 먼 길에 고생이 많았네!"

심양 역에는 일본 유학 때부터 친하게 지내온 유동열이 마중을 나와 있다. 그 후 이상정은 독립운동을 해온 의사 신영삼의 하얼빈 병원에서 기숙하게 된다. 그리고 만주 군벌 장군 장쯔재張子才와 만나 아주 절친한 벗으로 발전한다.

장쯔재는 일본과 중국에 정통한 지식을 가졌을 뿐만 아니라 활달한 성격의 이상정을 좋아해 그와 의형제를 맺는다. 하지만 이상정과 북만주 4천 리를 함께 여행했던 장쯔재는 불과 3년 후인 1928년 폐병으로 세상을 떠난다.

장쯔재는 살아생전 만주 퉁허현 민족학교에서 교육운동에 헌신하던 이상정을 서북 국민부대를 이끌고 있는 펑위샹馮玉祥에게 소개해 그의 막료 장군으로 활동하게 한다. 이상정은 1945년까지 임시정부와 임시의정원의 직책을 맡던 중에도 중국 군대의 직책을 병행하는데, 중국을 돕는 일이 곧 우리나라의 국권 회복을 촉진하는 독립운동이었기 때문이다.

이상정은 1926년 펑위샹 군대가 장제스蔣介石 부대와 통합되면서 중국 국민정부 소장으로서 항일운동에 전념했다. 이때 윈난雲南육군항공학교를 졸업한 우리나라 최초 여자 비행사 권기옥이 항공처에 배속되어 온다.

1926년 10월 9일 이상정과 권기옥은 쑤이위안綏遠에서 유동열 주례 하에 결혼식을 올린다. 한 달 후, 한때 베이징을 점령했던 펑위샹 군대가 장쭤린張作霖 군벌에 밀려 내몽골로 퇴각하고, 이윽고 펑위샹이 축출되어 러시아로 가버린다.

그로부터 다섯 달 지난 1927년 4월 장개석은 국공합작을 파기하고 난징에 국민정부를 수립한다. 이 무렵 국민혁명군 동로 항공사령부 사령에 류페이천劉沛泉 장군이 부임한다. 류패이천 장군이 권기옥을 비행대원으로 임명하고, 이상정은 난징항공사령부 특별문관을 맡으면서 부부는 난징에서 살게 된다.

이상정은 윤봉길 의사에게 폭탄 전문가를 소개하는 등 임시정부를 지원하는 일에도 성심을 다했다. 하지만 1928년 3월 18일 장제스의 공산당 소탕 명령 때 공산당으로 몰려 40여 일, 1936년 8월에는 일본 스파이로 몰려 8개월 동안 구속되었다가 풀려나는 고초도 겪었다.

1945년 8월 15일 독립 당시 이상정은 중국군 중장이었다. 그는 일본군 무장해제와 상해 거류 교민 안전보호 활동을 펼치다가 1947년 8월 27일 어머니 별세 급보를 받고 귀국했다. 그러나 장례 두 달 만인 10월 27일 뇌일혈로 급사하고 말았다.

이틀 후인 10월 29일, 중국으로 떠날 때 동생 상화와 헤어졌던 곳이자 도화 교사로 봉직했던 계성학교 교정에서 그를 영원히 떠나보내는 영결식이 치러진다. 그 후 달서구 소재 이장가 문중 묘원에 안장되었다. 그의 묘 옆에는 2년 전 먼저 타계한 동생 이상화의 유택이 있으니, 형제가 다시 만난 것이었다.

이장가 문화관·상화 기념관, 그리고 문중 묘소를 정성껏 살펴보니, "이장李庄을 설치해 운영한 이동진·일우 부자는 '경주 최부자' 이상 가는 Noblesse oblige(노블레스 오블리주, 높은 사회적 신분에 따르는 의무)의 전형으로서, 교육기관 우현서루를 세워 민족계몽운동에 크게 기여하였고, 가문의 정신과 문화를 이상정·상화 형제가 이어받아 예술가이자 독립운동가로 활약하였으며, 눈길을 끄는 현진건 가문과의 돈독한 인연도 우리에게 뜨거운 감동을 준다!"는 결론이 내려집니다!

선원남로 58 윗와룡공원
김병욱 송덕비
걱정 없는 세상을 건설하려 했던 청소년들

　이장가 문화관·상화 기념관을 떠나 다시 시내로 돌아온다. 일반 답사라면 이미 달성군 입구에 닿았으니 화원읍으로 들어가 화원초등학교 교정에 세워져 있는 '정학이 동상'을 참배할 일이다. 다만 지금은 달서구의 독립운동유적을 답사하고 있으므로 발길을 돌려야 한다.
　이제 남은 곳은 상인 지구와 성서 지구로 대별되는 달서구의 성서 쪽으로, 계명문화대 정문을 등지고 직진하면 이내 닿게 되는 윗와룡공원 '**김병욱**金丙旭(1920~1993) **송덕비**'이다.
　1940년 12월 1일 대구사범학교 학생 김병욱, 조소영趙宵影, 현영만玄泳晚 등은 대봉동 우전화정宇田和正(창씨명)의 하숙방에서 항일 결사 '무우원'을 조직했다. 무우원은 조선문학 연구를 통해 민족의식을 고양하고, 나아가 문화향상 및 경제적 성장을 이루는 데 목표를 두었다.
　하지만 겉으로는 종교(불교) 단체 또는 저축 장려 단체로 가장해 '걱정憂 없는無 세상園'을 뜻하는 무우원無憂園을 이름으로 삼았다. 조직은 집행장 아래 문예·종교·경제·총무부 등 7부로 구성했다. 이들은 조직 확대를 꾀하는 한편 〈무우원〉이라는 기관지 및 항일 내용을 담은 인쇄물도 발간하였다.

김병욱 등 회원들은 대구사범학교 졸업 후 국민학교(현 초등학교) 교사로 근무하면서도 독립운동을 계속했다. 김병욱은 1943년 6월 체포되었고, 1944년 6월 대구지방법원에서 징역 3년6월형을 언도받고 투옥되었다. 1990년 건국훈장 애족장을 받았다.

신암선열공원에 안장되어 있는 현영만(1921~1981)도 1941년 사범학교를 졸업한 후 경산군의 진량 국민학교 교사로 근무하면서 무우원의 사업을 계속 수행하였다. 그러던 중 무우원 활동이 발각되면서 단원 18명이 1943년 6월 모두 체포되었다. 현 지사는 1944년 6월 징역 3년형을 언도받고 옥고를 치르던 중 8·15광복으로 출옥했다. 지사에게는 1990년 건국훈장 애족장이 추서되었다. 하지만 최수원 단원은 일제 경찰의 혹독한 고문을 당한 끝에 목숨을 잃었고, 조형길 단원도 해방을 보지 못한 채 1945년 6월 옥중에서 세상을 떠났다.

남구 앞산순환로 574-116 앞산공원 큰골
이시영 기념탑, 임용상 흉상, 송두환 흉상
국권 회복을 위해 생명을 바친 지사들

앞산 큰골에 들어서면 6·25전쟁 관련 '낙동강 승전 기념관'이 가장 먼저 나타난다. 그 건물 바로 위쪽에 **이시영 선생 순국 기념탑**이 있다.

이시영 지사는 1882년 1월 10일 대구 봉산동에서 태어났다. 지사는 1915년 2월 28일 윤상태, 서상일, 홍주일 등과 함께 대구 앞산 안일사에서 시회詩會를 위장해 모임을 갖고 비밀결사 조선국권회복단朝鮮國權恢復團 중앙총부를 조직했다.

조선국권회복단(140쪽 참조)은 대구를 중심으로 경상도 지역의 중산층 이상 혁신革新 유림儒林들을 주로 참여시켰다. 이들은 곡물상의 상업 조직과 사립 교육기관을 활용하여 독립군을 지원하는 구국 경제활동 단체를 지향했다.

이시영은 만주와 노령露領 지역 독립운동가들과 연계 투쟁하는 방안을 모색했다. 조선국권회복단은 그해 8월 25일 달성達城(현 달성공원)에서 영주 광복단 등과 발전적으로 통합, 강력한 무장 투쟁 노선을 추구하는 광복회光復會를 출범시켰다.

이시영은 1916년 9월 4일 광복회의 김진우, 김진만, 최병규 등과 함께 대구의 자산가 서우순에게 군자금을 거두려다 일경에 체포되어 옥고를 치렀다. 이를 '대구 권총 사건'이라 한다.

그는 1919년 3·1독립운동 당시 서울의 만세 시위에 참여했다. 그 후 만주로 건너가 독립운동에 매진했지만 1919년 7월 9일 서른일곱 젊은 나이에 병사하고 말았다. 정부는 1990년 고인의 공훈을 기려 건국훈장 애족장을 추서했다.

이시영 선생 순국 기념탑 조금 위 길가 오른쪽에 구한말 산남의진山南義陣 의 병장 **임용상 의사 흉상**이 있다. 지사의 유택은 신암선열공원에 있는데, 묘소 앞 표

이시영 선생 순국 기념탑

지석에는 '임용상林龍相'이라 새겨져 있는 데 반해 비석에는 '義士의사 羅州나주 林公임공 中虎之墓중호지묘'라고 각석되어 있어 의아심을 불러일으킨다. 신암선열공원 입구 안내판에도 '임중호(일명 임용상)'으로 안내되어 있다.

이 글에는 의사의 성함을 '임용상'으로 쓰려 한다. 대구 앞산 큰골에 세워져 있는 의사의 흉상 제자題字(비석 등의 제목)가 '中虎林龍相義士之像'인 것을 기준으로 한다. 흉상의 제자는 '中虎'가 지사의 호號라는 사실을 말해준다.

임용상 의사는 1877년 5월 22일 경북 청송에서 출생했고, 1958년 1월 5일 타계했다. 1905년 11월 을사늑약이 체결되자 임 의사는 경북 영덕에서 김재서金在瑞 등과 함께 창의군倡義軍(의병부대)을 조직했다. 동해東海창의대장으로 추대된 의사는 포항 청하, 영덕 강구 등지에서 일본군의 주둔소를 습격하고 적군 다수를 사살하였다.

1907년 4월 정용기鄭鏞基의 산남의진이 결성되자 의사는 이에 합세하여 유격장 겸 도총장都總將으로 임명되어 청송과 영천 등지에서 일본군을 격살

임용상 의사 상

하였다. 또한 1907년에도 의병 수백 명을 인솔하고 포항 흥해에서 일본군과 격렬한 전투를 전개했다.

1907년 9월 정용기 대장이 전사한 뒤 그의 부친 정환직鄭煥直을 다시 대장으로 추대하고 총장總將이 되어 청송, 청하, 영덕 등지에서 일본군을 공격해 혁혁한 전공을 세웠다.

그러나 정환직 대장도 그해 12월 순국하고, 산남의진은 1908년 여름 해산 상태가 되었다. 1910년 봄 의사는 옛 산남의진을 다시 정비한 후 의병장이 되어 군자금을 조달하고 무기를 획득하여 청송, 의성 등지의 일본 수비대를 공격했다. 그러나 안평 전투에서 마침내 일본군에게 체포되었고, 1910년 7월 25일 징역 10년형을 언도 받아 옥고를 치렀다. 정부는 고인의 공훈을 기려 1977년 건국훈장 독립장을 추서했다.

건국훈장은 나라를 세우거나 나라의 기반을 세우는 데 뚜렷한 공로가 있는 사람에게 주는 포상으로, 1949년부터 수여되었다. 현재 건국훈장에는 건국훈장 대한민국장, 건국훈장 대통령장, 건국훈장 독립장, 건국훈장 애국장, 건국훈장 애족장의 5등급이 있고, 그 아래로 포장과 대통령 표창이 있다.

임용상 의사가 받은 독립장은 신암선열공원 내 다른 지사들 다수가 애족장을 받은 데 견줄 때 상당히 높은 훈격이다. 이는 그만큼 임용상 의사의 독립운동이 치열했고, 성과도 뚜렷했다는 사실을 말해준다.5)

산남의진비 : 영천시 문화원길6에 있다. 이 책에 소개된 지사들 중 임용상, 우재룡 두 분이 산남의진에서 활동하였다.

---

5) 지사志士는 두루 쓰이는 일반 용어이고, 의사義士는 순국 등 목숨을 바쳤다는 의미를 담을 때 사용된다. 이 글에서는 흉상에 새겨진 대로 의사로 썼다.

송두환 지사 묘소(신암선열공원)

임용상 지사 흉상에서 다시 조금 올라가면 **송두환**宋斗煥 **지사 흉상**이 있다. 송두환(1892~1969) 지사는 '경상북도 달성군 수성면' 신암동 1215번지에서 출생했다. 1910년 8월 29일 경술국치 이후 서울 보성학교에 다니던 송두환 지사는 1914년 고향에서 정운해鄭雲海·최윤동崔允東 등과 항일 비밀 결사 신배달회信倍達會를 조직하여 활동했다. 신배달회는 일제의 식민 통치에 보복하고 민족사상을 고취하여 민족의 힘으로 조국 광복을 이루려는 목적에서 창립된 독립운동단체였다.

3·1운동 후인 1919년 5월 지사는 독립운동 비밀 연락 장소로 사용하기 위해 사재 1,300원을 들여 대구와 신의주에 2채의 가옥을 매입했다.

1920년 5월에는 경북 달성에서 빈민회貧民會를 조직하고 회장을 맡아 수성면장壽城面長 서재문의 협조를 얻어 2,350명의 농민 회원을 규합, 국산품 장려와 농민들의 생활 향상에 힘썼다.

　1919년 9월 무기 구입과 독립운동 방안을 모색하기 위해 중국 상해로 건너가 임시정부에 가입한 후 삼남三南(경상도, 전라도, 충청도) 지방을 중심으로 군자금 모집의 사명을 띠고 귀국했다. 만주에서 구입한 권총과 (독립운동에 협조하지 않으면 처형해도 좋다는 임시정부의 지시가 담긴) 사형 집행장을 들고 군자금 모집 활동을 폈으며, 1920년 12월 김종철·김봉규에게 권총과 사형 집행장을 교부하여 이들로 하여금 경남 합천과 의령 등지에서 군자금을 수합하게 했다.

　활동 중 신의주에서 일제 경찰에 체포되어 1921년 4월 23일 평양지방법원 신의주지청에서 징역 2년형을 언도받고 옥고를 치르다가 그해 8월 29일 가출옥하였다. 지사는 출옥 후인 1923년 1월에도 정동석(신암선열공원 안장 독립지사)에게 권총과 실탄의 보관을 위임하고 독립운동의 기회를 모색했다. 하지만 같은 해 11월 3일 최윤동·이수영·노기용 등이 경북 군위에서 군자금 모집 활동 중 일제에 체포되면서 송두환도 다시 체포되었다.

　3년 전 송두환의 지령에 따라 군자금 모집 활동을 하던 김종철·노기용 등이 경남 의령에서 일본인 순사 카이甲斐를 사살했었는데, 군위에서 체포되면서 그 사실이 밝혀졌던 것이다. 송두환 지사는 1924년 11월 6일 대구지방법원에서 징역 10월형을 언도받고 옥고를 치렀다.

출옥 후 송두환 지사는 1927년 9월 3일(달성공원 앞, 옛 원화여고 자리) 조양회관에서 개최된 신간회新幹會[6] 대구지회 창립 총회에서 간부로 선임된 이래 집행위원장 등을 역임했다. 1930년 11월 9일 신간회 중앙집행위원회에서는 중앙집행위원으로 피선되어 활동했다. 정부는 고인의 공훈을 기려 1990년 건국훈장 애국장(1977년 건국포장)을 추서하였다.[7]

---

[6] 신간회는 1926년 6월 10일 순종의 인산일因山日(장례일)을 계기로 일어난 6·10만세운동에 자극을 받아 민족주의 진영과 사회공산주의 진영 사이에 타협을 통해 민족 유일당 운동으로 조직되었다. '정치적·경제적 각성을 촉진한다, 단결을 공고히 한다, 기회주의를 일체 부인한다' 등을 행동강령으로 내세웠던 신간회는 일제 강점기의 가장 큰 합법 결사체로서 늘 일제의 주목을 받았다.
신간회는 1928년 말 국내·외 143개 지회와 3만 회원을 확보할 만큼 성장했다. 일제는 마침내 신간회를 탄압하기 시작했다. 일제는 신간회의 총회를 한 번도 승인해주지 않았다.
신간회는 1929년 11월에 시작된 광주학생항일운동의 진상을 규명하기 위한 조사단을 파견하면서 일제의 학생운동 탄압에 대해 엄중하게 항의했다. 일제는 냉담한 반응을 보였다.
신간회는 '광주 실정 보고 민중대회'를 서울에서 대규모로 열어 일제의 올바르지 못함을 규탄하기로 했다. 대회일은 12월 13일로 잡혔다. 일제 경찰은 민중대회 중지를 요청했다가 신간회가 받아들이지 않자 44명의 간부를 체포했다. 결국 신간회는 1931년 5월 16일 해산되었다.

[7] 송두환 지사 흉상 앞에서 묵념을 올린 다음, 150m쯤 더 올라가면 케이블카 승강장이 나온다. 케이블카에서 직진하여 계속 걸으면 앞산 정상에 당도한다. 정상에서 달서구 방향으로 하산해 임휴사에 들렀다가 조선국권회복단 통령 윤상태 지사 유적지 첨운재를 방문하면 아주 훌륭한 앞산 답사여행자가 된다. 물론 케이블카를 타고 정상까지 갈 수도 있다.

남구 앞산순환로 440
앞산 안일사
광복회 전신 조선국권회복단 창립지

　　앞산 안일사를 찾아보면 출입문 벽에 '성불산 안일사'라는 현판이 붙어 있다. 이 사찰 관련 사람들이 앞산을 불교식으로 성불산成佛山이라 부르고 있다는 사실을 알게 해주는 현판이다. 그런데 예전 현판에는 '비슬산 안일사'라 새겨져 있었다. 앞산은 과연 비슬산의 한 봉우리 또는 성불산인가?

　　지도를 보면 흔히 안일사 뒤쪽 봉우리에 대덕산이라는 이름이 붙어 있다. 문화유산청 누리집에도 사찰 뒤쪽에서 앞산 정상부 일대까지를 대구시 기념물로 지정하면서 '대덕산성'이라 명명되어 있다.

　　대덕산大德山은 앞산의 조선시대 이름으로 유교식 호칭이다. 당연히 사찰 쪽 마음에 들지 않았을 터이다. 그래서 팔공산에 버금가는 비슬산을 끌어와 '비슬산 안일사'라 했는데, 사실 봉우리가 아닌 앞산을 비슬산의 한 봉우리로 보는 것은 타당하지 않으므로 적절하지 못한 명칭 부여였다. 그래서 정확한 시기는 알 수 없으나(안일사에 확인하면 알 수 있겠지만) 새로이 '성불산 안일사'를 채택한 모양이다. 결론은, '앞산 안일사'가 옳다.

　　이곳 앞산 안일사에서 1915년 2월 28일 조선국권회복단이라는 독립운동단체가 결성되었다.

제5차 교육과정 고고 국정 국사 교과서는 "1910년대에 가장 활발하게 활동한 독립운동단체는 광복회"라고 평가 했습니다. 전국 조직에 만주 지부(지부장 초대 이진룡, 2대 김좌진)까지 설치한 후 강력히 일제에 맞섰던 광복회는 1915년 8월 25일 대구 달성토성에서 창립대회를 가졌습니다. 광복회의 가장 중심 초석이 된 비밀결사는 **남구 앞산순환로 440 안일사**에서 결성된 조선국권회복단과 영주 풍기에서 활약 중이던 광복단이었습니다. 안일사에서 열린 조선국권회복단 창립 장면을 소설 형태로 소개합니다.

    선비 한 사람이 천천히 안지랑 개울을 건너고 있다. 여름철이라면 앞산 정상부 일대에서 쏟아져 내린 도랑물 탓에 쉽사리 건널 수 있는 계곡이 아니지만, 한겨울이라 천지가 꽁꽁 얼어붙은 덕분에 아무렇게나 발을 내디뎌도 낭패를 볼 일은 없다. 미끄러지지만 않으면 이내 안일암에 당도하게 될 터이다.
    "하늘이 아주 쾌청한 것이 시 읊기에는 정말 제격인 날씨외다. 오늘은 시회詩會를 산에서 열게 되었으니 향산香山께서 가장 수작秀作을 창작해야 마땅하겠습니다."
    은적사 방향에서 올라오던 양복 차림 신사가 선비에게 말을 건넨다. 향산 윤상태(1882~1942, 78쪽 참조)가 웃으며 대답한다.
    "허허, 두보가 국파산하재國破山河在(나라는 망했어도 산과 강은 그대로 있구나!)라 했으니 푸른 산과 울울한 나무를 바라보며 훌륭한 시들을 한번 지어 보십시다.

"그건 그렇고, 글솜씨라면 동암東菴이 나보다는 훨씬 윗길이지요."

동암 서상일(1887~1962, 64쪽 참조)이 문득 음성을 낮춘다.

"낮말은 새가 듣고 밤말은 쥐가 듣는 법이라, 이 깊은 산중에서도 우리들이 시 지으러 안일암에 간다 식으로 대화를 나누어야 하는군요. 하루라도 빨리 국권을 회복하여 마음놓고 흉중에 있는 말을 토로할 수 있어야 할 텐데…."

"그렇고말고요. 경술국치(1910년, 조선 멸망) 이래 어언 다섯 해째가 되었고, 동암도 어느샌가 서른이 되었구려."

문득 쓸쓸한 감정에 사로잡혀 윤상태, 서상일 두 사람의 낯빛에 산그림자가 가득 내려앉으려는 찰나, 뒤에서 반가운 목소리가 들려온다.

"두 분께서는 어째 이리 일찍들 오셨는지요?"

돌아보지 않아도 우재又齋 이시영(1882~1919, 131쪽 참조)이다. 그래도 윤상태가 몸을 뒤로 돌려서 반갑게 인사를 한다.

"우리 세 사람이 나란히 함께 가는 중인데 별말씀을 다 하시오. 누가 들으면 사돈 남 말 한다 하겠소."

그러자 서상일과 이시영이 폭소를 터뜨린다. 실제로 두 사람은 뒷날 사돈지간이 된다.

재미난 말을 했던 윤상태도 뒤따라 얼굴 가득 웃음을 머금는다. 안일암 올라가는 가파른 고갯길이 그렇게 흥겨워지자 기분으로는 어쩐지 오르막이 낮고 평탄하게 느껴진다.

세 사람이 나란히 법당 안으로 들어선다. 곧 이어 신상태, 남형우, 김재열, 홍주일, 박영모, 이영국, 김규, 정순영, 서병룡,

황병기가 시차없이 줄지어 당도해서 자리에 앉는다. 그런데 시를 짓는 사람은 없고, 모두들 표정이 엄숙하다. 한참 회의를 한 후 부서별 책임자로 외교부장 서상일, 교통부장 이시영과 박영모, 기밀부장 홍주일, 문서부장 이영국과 서병룡, 권유부장 김규, 유세부장 정순영, 결사부장 황병기를 선임한다. 군사조직의 성격을 분명히 하기 위해 총대장의 직책명을 단장이 아니라 통령으로 정했는데, 통령에는 (스물다섯 이른 나이에 군수까지 지낸) 윤상태가 추대된다.

통령 윤상태가 연설을 한다.

"지금 이 자리에 계시는 분들은 모두가 산을 뽑고 세상을 뒤엎을 만한 역발산기개세力拔山氣蓋世의 힘과 기개를 갖춘 독립지사들이시오. 본인도 스물다섯에 제 군수를 지내던 중 을사늑약 치욕을 맞아 관직을 던졌고, 그 후 고령에 일신학교를 세워 젊은이들에게 신식학문은 물론 은밀히 국사와 군사교육을 가르치기도 했지요.

그러던 중 우리는 달비골 첨운재에서 누차 회동하며 논의한 결과 좀 더 선명하게 일제와 맞서야 한다는 결론을 얻었소. 그리하여 드디어 오늘 조선국권회복단 중앙총부를 결성하였소

우리는 먼저 수천 년 역사의 자랑스러운 나라를 한일병합으로 망하게 만들었다는 부끄러움을 단군 태황조太皇祖께 고백했소 왜놈들에게 나라를 빼앗긴 충격과, 놈들의 잔인무도한 무단정치에 짓눌려 우리 민족이 강력한 독립운동을 펼치려는 마음조차 제대로 먹지 못하는 이 시기에 조선국권회복단이 가장 앞장서서 국권회복운동을 펼치겠다는 각오의 말씀도 드렸소

다섯 항에 이르는 맹서도 했소. 결의를 재삼 다지는 뜻에서 서약서를 다시 한번 낭독할 터인즉 한 조항씩 읽을 때마다 힘차게 복창해주시기 바라오. 첫째, 우리는 한국의 국권 회복에 앞장선다!"

"우리는 한국의 국권 회복에 앞장선다!"

모두의 뜨거운 목소리가 통령의 선언에 이어 앞산을 뒤흔든다.

"둘째, 매년 정월 15일 단군의 위패 앞에서 목적 수행을 위해 기도한다!"

"매년 정월 15일 단군의 위패 앞에서 목적 수행을 위해 기도한다!"

"셋째, 단원은 결코 이 결사항일조직을 탈퇴하지 않는다!"

"단원은 결코 이 결사항일조직을 탈퇴하지 않는다!"

"넷째, 단원은 비밀을 누설하지 않는다! 만약 이를 위반하는 사람이 있으면 신이 내리는 벌을 받을 것이다!"

"단원은 비밀을 누설하지 않는다! 만약 이를 위반하는 사람이 있으면 신이 내리는 벌을 받을 것이다!"

"다섯째, 결사대를 조직해 일제와 친일 반민족 주구들을 살육한다!"

"결사대를 조직해 일제와 친일 반민족 주구들을 살륙한다!"

1915년 2월 28일 창립을 마친 단원들은 회원 추가 모집에 나섰고, 회원들은 각각 큰돈을 내놓아 그것을 상해임시정부와 만주로 보냈다.

모금에도 나섰다. 회원들이 독립운동자금을 내놓는 것도 훌륭한 일이지만 우리 민족 많은 구성원들이 십시일반 마음과 힘을 보태게 할 수 있다면 더욱 금상첨화라는 판단에서였다.

분주히 보내느라 경황이 없었지만 창단 반 년 만인 8월 25일 경북 영주 풍기광복단 등 다른 여러 단체들과 합세해 1910년대 최고의 무장 항일결사 광복회도 결성했다. 조선국권회복단은 김재열, 정순영, 이시영, 변상태, 정운일, 홍주일, 황병기, 박상진 등 강성 단원들을 광복회 지도부에 결합시켜 두 갈래로 독립운동을 펼쳤다.

이듬해 5월 악명 높은 전라도 친일부호 서도현을 처단하고, 9월 4일 대구 부호 서우순의 집을 습격했다. 하지만 일을 뜻대로 이루지 못하고 김진우, 김진만, 정운일, 최병규, 최준명, 김재열, 홍주일, 이시영이 체포되어 투옥되고, 박상진도 권총 주인이라는 이유로 붙잡혔다. '대구권총사건(147쪽 참조)'은 습격에 가담했던 서우순의 아들 서상준이 민족에 대한 헌신과 아버지에 대한 효도 사이에서 괴로워하다가 자살함으로써 더욱 세상에 파장을 일으켰다(53쪽 이장희 시인의 경우가 연상되는 사건입니다.).

광복회는 그 후에도 경북 친일부호 장승원 처단, 일본 헌병대 공격, 망명 독립운동가들에 군자금 전달, 독립군 희망 청년 만주 군관학교 소개 등 많은 활동을 펼쳤다. 하지만 결국 1918년 1월 이래 조직이 탄로나 박상진, 채기중, 김한종, 이병호, 장두환, 임세규, 김경태가 사형되는 등 와해되고 말았다.

조선국권회복단 중앙총부는 광복회 대거 피체 때 일제 경찰에 파악되지 않았으므로 그 이후에도 항일운동을 계속했다. 통령 윤상태는 마산 창신학교에 근무했던 안확을 조선국권회복단 마산지부장으로 임명해 변상태와 더불어 1919년 3월 만세운동을 주도하도록 했다.

유림들의 파리장서운동에도 적극 참여했다. 윤상태는 김응섭을 시켜 장서를 영문으로 번역한 다음 그것을 김창숙에게 주어 상해임시정부에 전달했다. 그 일로 윤상태는 8월 일제 경찰에 구속되었다.

수형 생활을 마치고 나온 윤상태는 달성군 월배면에 덕산학교를 세워 민족교육을 실시했다. 일제에게 눈엣가시였던 그는 1929년 해외 독립운동세력과 연대해 활동한다는 혐의로 다시 구속되었다.

윤상태는 영남대학 설립자 최해청의 아버지 최현달 전 청도군수의 집이 경매로 넘어가자 직접 사서 돌려주었고, 교남학교가 재정난에 빠졌을 때 후원회를 조직해 어려움을 해결했다. 여운형 등과 함께 조선중앙일보를 창간해 감사를 맡기도 했다.[8]

그러나 밖으로 왕성한 사회활동과 민족운동에 매진했지만 여러 차례 고문과 투옥을 겪어 속으로 몸이 크게 상해 있었던 터라, 윤상태는 끝내 독립을 보지 못하고 1942년 향년 60세로 세상을 떠났다. 항일지사들에게 독립운동 경비를 보낸다는 혐의로 체포되었다가 군자금 조달처로 지목된 조선무진회사를 일제 경찰에 헌납하는 조건으로 풀려난 직후였다.

혹독한 고문으로 걷지도 못하는 처지가 된 윤상태는 업혀서 귀가했고, 얼마 지나지 않아 타계하고 말았다. 그렇게 그는 이승을 떠났고, 집터와 덕산학교 터도 사라지고 없다. 하지만 달

---

8) 조선중앙일보는 1936년 8월 13일과 25일 일장기말소의거를 일으켰다가 결국 폐간되었다.

비골 중턱의 첨운재만은 지금도 남아 있어 향산이 우리 역사에 남긴 향기를 변함없이 고이 뿜어내고 있다.

> 한국학중앙연구원 《한국향토문화전자대전-디지털칠곡문화대전》〈조선국권회복단〉을 참고하면 아래와 같습니다.
> [개설] 1915년 2월 28일에 달성친목회의 회원 서상일 등 대구를 기반으로 하는 부호·중산층·계몽주의자·신학이수자·유생들이 국권 회복을 위해 국내의 독립운동 세력과 만주 독립운동 단체, 그리고 대한민국 임시정부 등과 상호 연결되어 국내·외 독립운동을 지원한 비밀결사단체이다.
> [활동사항] 조선국권회복단은 1915년 2월 28일 결성되어, 동년 7월 풍기의 광복단과 연결되어 대한광복회를 결성하면서 조직의 활동 영역이 넓어졌고, 경상남도 일원에서 활동하던 대동청년단과 제휴였다. 1919년 6월 조직의 전모가 노출될 때까지 국권 회복 운동을 지원하였다. 조선국권회복단은 국내에서 독립운동 세력을 확장하고 해외 독립운동 세력과 연계하여 최후로 독립을 쟁취한다는 것을 목표로 삼았다.
> 조선국권회복단은 해외 독립운동 세력을 지원하기 위한 군자금 모집과 독립군의 양성을 위한 청장년의 모집에 힘을 기울여 1915년 7월 15일 대구권총사건大邱拳銃事件, 1919년의 3·1운동 주도, 1919년 4월 대한민국 임시정부에 군자금 15,000원 송금, 1919년 유림단의 독립청원사건 지원 등의 활동을 전개하였다. 조선국권회복단의 단원으로 활동한 바 있는 칠곡 출신은 신상태申相泰·이수

> 묵李守黙 등이 있으며, 1916년 6월 칠곡의 부호 장승원에게 군자금 요구와 1917년 8월 장승원 암살사건 등은 대한광복회와 밀접한 관련을 가지고 있었다.
> [의의와 평가] 1910년대 국권회복을 목적으로 한 해외의 무장 독립운동 단체와 독립운동 기지 건설을 후원하는 활동을 전개하여 1919년 3·1운동과 1920년대 독립운동의 원류가 되었다.

조선국권회복단 활동 중 많이 알려진 **대구 권총 사건**

독립운동자금 마련 활동에 들어간 조선국권회복단은 대구의 부호 정재학에게 5만 원, 이장우에게 2만 원, 서우순에게 1만 원의 의연금을 요구했다. 하지만 아무도 호응을 하지 않았다. 단원들은 서우순의 첩 집을 습격하기로 결정했다.

1916년 9월 4일 밤, 김진만, 그의 동생 김진우, 정운일, 최병규, 최준명, 김재열, 이시영, 홍주일 등은 진골목을 향해 나아갔다. 조선국권회복단 중 강경파였던 이들은 광복회의 회원들이기도 했다.

서우순의 첩 집 습격을 주도할 김진만은 서우순의 사위였다. 행동 대원 중 한 사람인 서상준은 서우순의 아들이었다. 따라서 그들은 전직 경상도 관찰사로서 영남권 최고 친일파 대부호 장승원을 처단하기 위해 광복회 지휘장 우재룡 등이 실시한 것 같은 세밀한 사전 답사는 할 필요가 없었다.

임세규와 권상석은 이 날 진골목을 함께 걸었다. 야밤인데도 진골목은 대구 부호들이 밀집해서 살고 있는 동네답게 너무나 휘황찬란했다. 골목마다 등이 켜져 있고, 아름드리나무의 잎사귀들은 가벼운 바람을 맞아 살랑대면서 별빛을 튕겨내고 있었다.

"괜찮은가?"

김진만이 서상준에게 묻는다. 암흑 속이지만 서상준의 낯빛은 어두운 기색이 뚜렷하다. 아버지 첩 집을 습격하러 가는 중이니 그의 내심은 자못 복잡할 것이다. 가로등 불빛이 서상준의 얼굴을 잠깐 스쳐 지나간다. 그는 언뜻 입가에 미소를 머금는가 하더니 다시 입술을 깨물고 묵묵부답이다.

일행은 이내 700평 넓은 대지를 거느린 서병원 저택 앞을 지난다. 이어 왼쪽으로 서병직 저택이 보이고, 더 왼쪽으로 대구 최고 부자로 알려진 서병국의 저택이 눈에 들어온다. 정면으로는 600평 넓은 정원을 자랑하는 서철균 저택이 위용을 뽐내고 있다. 드디어 김진만이,

"이 집이다!"

하며 목소리를 낮춰 속삭인다. 김진만은 장인 서우순이 현금을 첩의 집에 숨겨두고 있다는 사실을 알아냈고, 그래서 오늘 자신의 처가 본집이 아니라 이곳으로 온 것이다.

김진만의 말이 끝나기 무섭게, 몸 날래기로 정평이 나 있는 임세규와 권상석이 담장을 훌쩍 넘었다. 곧 이어 대문 빗장이 열렸다. 모두들 복면을 한 채 한꺼번에 서우순의 안방을 들이쳤다. 김진만이 총을 서우순의 머리에 갖다 대기도 전에 서우순이 목청 있는 대로 고함을 질렀다.

"강도야! 강도야아 —!!"

김진만이 흠칫 하는 사이에 서우순의 집사 우도길이 달려왔다. 우도길은 충직한 집사답게 스스로 몸을 던져 김진만의 바지를 잡고 늘어졌다. 이 광경을 보고 지나치게 당황한 김진우가 권총을 발사했다. 총탄은 우도길을 스쳐 날아가 마룻바닥을 튕긴 후 벽에 걸려 있는 커다란 거울을 박살내었다.

소란이 벌어지자 이곳저곳에서 잠을 자고 있던 수많은 종들이 와르르 몰려나왔다. 당황한 일행은 곧바로 도망치기 시작했다. 이 와중에 조선국권회복단 단원 두 사람의 신발이 벗겨져 마당 구석으로 날아갔다.

다음날 아침, 신발을 주운 우도길은 수소문 끝에 그것의 주인이 누구인지 알아냈다. 우도길은 즉각 서우순에게 달려가 보고했다.

"어젯밤에 강도떼가 몰려왔을 때 도련님도 그 중에 섞여 있었던 것 같습니다."

서우순은 머리 회전이 매우 빠른 사람이었다. 그는 아들 서상준이 요즘 어떤 인물들과 친하게 지내는지 뒷조사를 한 다음, 아들을 문제 삼지 않는 조건으로 사건 관련자 명단을 경찰에 알려 주었다. 결국 당일 권총을 발사한 김진우 징역 12년, 주모자 김진만을 비롯해 정운일과 최병규 징역 10년, 최준명 징역 2년, 박상진과 김재열 징역 6개월, 홍주일 징역 5개월, 이시영 징역 4개월의 실형이 언도되었다. 담장을 넘어 대문 빗장을 연 임세규와 권상석은 둘 다 징역 10년에 처해졌지만, 잡히지 않았으므로 궐석 재판으로 끝났다.

그런데 이 사건은 또 다른 충격을 당시 사회에 던졌다. 세간에서 '대구 권총 사건'이라 부르는 서우순 집 습격 이후 뜻밖에 발생한 가슴 아픈 일 탓이었다.

"서상준 동지가 스스로 목숨을 거두었소 ······."

조선국권회복단 단원들에게, 이어 대구시민들에게 슬픈 소식은 점점 번져갔다.

"서 동지가 극약을 삼키고 그만······ 아버지를 위협하여 독립운동 군자금을 탈취하자니 효도가 아니고, 그 일을 하지 않으려니 동지들에 대한 의리가 아니고···"

"무슨 그런 말도 아니 되는 일이 있을 수 있다는 것이오? 어찌 그리 어리석은 선택을 할 수 있단 말이오? 그렇게 혼자 세상을 버리면 그것은 그럼 효가 되는 것이오? 그리 목숨을 버려 나라 되찾는 일에 힘을 보태지 못하면 충도 되지 못하는데 ···. 어허허, 서 동지는 그런 이치도 모른단 말이요 ···. 어허허허!"

누군가가 속이 탄 나머지 고인을 원망하며 울음을 토해내면, 다른 사람들도 모두 눈물을 쏟으며 세월을 한탄했다.

"하루라도 빨리 나라를 되찾아야 이런 천하 이치에 거슬리는 불상사를 막을 수 있을 터인데, 군자금도 모자라고 사람도 없으니, 이를 어쩌면 좋단 말인가? 안타깝고 허망하여 이 애통한 마음을 누구에게 하소연하리 ······. 어허허허!"

모두들 탁자를 치며 울고, 소리를 지르고, 술을 들이키고, 분노에 찬 고함을 지르면서 동지 잃은 슬픔을 달랬다. 달리 뾰족한 수가 있을 리 없었다. 광복을 이루어야 없어질 사고인즉, 일로매진 더욱 가열차게 투쟁에 뛰어드는 도리뿐이다. ▪

남구 이천동 361-3
일본군 보병 80연대 주둔지
일본군 주둔에 이어 미군이 주둔하는 한국땅

일본군 80연대 주둔지의 '캠프 핸리' 담장

　1601년부터 1910년까지 대구에 경상감영이 위치했다. 경상감영의 최고의 관리는 경상감사(경상도 관찰사)였는데 지금의 부산광역시, 대구광역시, 울산광역시, 경상남도, 경상북도 전역을 관할했다. 그에게는 행정권만이 아니라 군사권, 사법권, 경찰권, 조세권 등 모든 전권이 부여되었다. 대단한 권력자였다. 대구가 약 300년 동안 경상도 전역의 중심 핵심도시였다는 말이다.

　경주, 상주 등지에 있던 경상감영이 1601년부터 대구에 고정적으로 위치하게 된 것은 임진왜란의 결과였다. 임진왜란 당시 명나라 군대와 일본 군대는 번갈아 가며 대구에 본부를 설치해 두고 움직였다. 전쟁이 끝난 후 조선 조정은 대구의 지리적, 군사적, 경제적, 정치적 중요도에 주목하게 되었고, 그래서 경상감영을 대구에 존치시키는 것으로 결정했던 것이다.

1919년 3월 8일 대구만세운동을 진압하기 위해 기관총을 들고 출동한 군대는 일본군 보병 80연대였다. 그런데 80연대는 멀리서 지금의 중구 중심부 동성로로 쫓아온 것이 아니라 본래부터 현재의 남구에 주둔하고 있었다. 미군 '캠프 핸리'!

예나 지금이나 외국 군대가 차지하고 있는 땅을 우리는 버스를 타고 지나가며 물끄러미 바라본다. '우리의 소원은 통일'인데, 언제 통일이 되어 저 땅에 우리의 아이들이 맑고 밝은 얼굴로 뛰어놀 수 있으려나!

외국 군대의 대구 주둔 역사를 간략하게 살펴봅니다.

1919년 3월 8일 대구에서 만세독립운동이 일어났다. 영남 지역 최초 3.1운동이었다. 흔히 '대구 큰시장'이라 불렸던 옛 서문시장 입구(구 동산파출소 터)를 출발한 시위대는 대구경찰서(현 중부경찰서), 대구읍성 영남제일문 터(약전골목 내 종로와 남성로 교차 지점), 남장대 터(현 중앙파출소)를 거쳐 달성군청(대구백화점)에 이르렀다. 이때 기관총으로 무장한 일본군 80연대가 출동해 무자비한 구타로 시위대를 무력 진압했다.

일본군은 대구 3.1운동의 핵심 인물 중 한 사람으로 조금 전 서문시장 입구에서 독립선언서를 낭독했던 김태련金兌鍊을 집중적으로 구타했다. 이 광경을 목격한 아들 김용해金湧海가 아버지를 구출하려고 몸부림을 쳤다. 일본군은 김용해를 무참하게 폭행한 후 실신한 그를 하수구에 내던졌다. 일제는 의식을 잃은 김용해를 끌고 가 악독한 고문까지 자행, 그가 죽음 직전에 이르자 3월 28일 가석방했다. 그러나 김용해는 바로 다음 날인 3월 29일 숨지고 말았다.

당시 일본군 80연대는 1916년부터 현재의 캠프헨리Camp Henry(남구 이천로 100) 자리에 주둔하고 있었다. 6만2천 평 규모의 캠프헨리는 주한 미군 병참행정 사령부로, 일본군 80연대가 주둔했던 군사 용지와 시설을 1945년 10월 1일 이어받았다.

1894년부터 대구에 주둔한 일본군 일본군이 (임진왜란 시기를 제외하고) 대구에 처음으로 군사 진지를 구축한 것은 청일전쟁淸日戰爭 때인 1894년이다. 이때 병참부대가 대구 달성토성達城土城에, 헌병대가 토성 동쪽 비탈에 주둔했다. 통신 수비대도 토성 인근에 배치됐다. 261년(신라 첨해왕 15) 이래 국가 군사 시설이었던 달성토성은 서울 풍납토성과 더불어 대한민국 고대 축성술을 증언해주는 중요 사적인데, 그것을 번연히 알면서도 일제는 고의로 배달겨레의 정기가 서려 있는 역사유적을 군화로 짓밟았다.

그뿐이 아니었다. 일제는 1905년 우리의 민족의식을 말살하기 위해 이곳을 공원화했고, 1906년 일본 왕에게 절하는 요배전을 설치했으며, 1914년 서울 남산 다음으로 규모가 큰 신사까지 세웠다. (우리는 지금도 달성'토성'을 달성'공원'으로 여기고 있다.)

사적을 공원으로 만들어 민족정신을 말살하려 든 일제는 1904년 러일전쟁露日戰爭 때에도 자국 거류민 보호를 구실로 대구에 군대를 주둔시켰다. 일제는 1907년 현재의 남구 대명로 240 일대에 경비행장, 사격장, 군사 훈련장을 설치했다. 이곳 22만6천 평은 1950년 이래 미군 부대 캠프워커Camp Walker가 되었고, 현재는 헬기장과 위락 시설로 사용되고 있다.

대구에는 캠프워커와 캠프헨리 외에도 미군 관련 지역이 한 곳 더 있다. 캠프헨리에서 북쪽으로 300m가량 떨어진 이천로19길 55 일대 캠프조지Camp George가 바로 그곳이다. 캠프조지가 점유하고 있는 이 땅은 일제가 1938년 이래 운동장, 승마장, 훈련장 등으로 썼던 곳이다. 캠프조지 중 이천동 지역에는 캠프워커와 캠프헨리 근무 군인의 자녀들을 위한 '외국인 학교'가 들어서고, 대명동 지역에는 '대명 외국인 아파트'라는 이름의 주거 시설이 건립되었다.

일본의 한국 점령 양해한 미국… 노골적인 미일 간 흥정 일본군 80연대가 미군 캠프헨리로, 일본군 경비행장이 캠프워커로, 일본군 승마장이 캠프조지로 바뀌었다. 이렇듯 대한민국 국토에는 일본 군대와 미국 군대가 대를 이어 주둔하고 있다. 일본과 미국이 한국을 놓고 흥정을 주고받은 장면이 연상된다.

1905년 7월 29일 일본 수상 가쓰라桂太郎와 미국 육군성 장관 테프트Taft 사이에 이른바 '가쓰라테프트 밀약'이 맺어졌다. 이 밀약의 핵심은 일본이 한국을 차지하고 미국은 필리핀을 삼키자는 내용이다.

그로부터 얼마 지나지 않아 우리는 결국 '겨레의 집'인 나라를 일본에 빼앗겼다. 5천 년 동안 대대로 살아온 집에서 내쫓긴 우리는 한뎃잠을 자는 노예 신세가 되었다. 남의 나라를 짓밟은 후 그곳에 거주하는 사람들을 착취해 자국의 풍요를 누리려는 제국주의자들의 희생물로 전락하고 말았던 것이다.

남구 앞산순환로 440

영선시장

현정건 독립지사와 사상기생 현계옥의 밀회 장소

1925년 11월 3일 동아일보 〈6년간 소식 없는 현계옥 내력〉 제 2회에 "현계옥은 (중략) 그(현정건)의집에서십리나 되는[영찬못]이란련못가에서밤마다밤마다 시간을뎡하여두고보고십흔 사람을차자그의애타는 마음을눅혓다하니 그들의한번 포옹에얼마나힘이들엇는지 알수잇슬것입니다"라는 내용이 나옵니다(띄어쓰기와 표기는 원문 그대로). 기사의 "영찬못"은 현재 영선못입니다. 현정건은 1936년 일장기말소의거를 일으킨 독립유공자 현진건 소설가의 형이고, 그의 정인 현계옥은 여성 최초의 의열단원입니다. 현정건, 현계옥, 현진건을 아울러서 소설 기법으로 소개드립니다.

현진건은 10세에 생모를 여의었는데, 아버지가 재혼하는 바람에 막내형수 윤덕경의 보살핌을 받으며 자란다.

그렇게 되기 전에도 가족 중에서 현진건의 애틋한 대화 상대가 되어준 사람은 거의 없었다. 아버지는 현진건이 10세 때

벌써 쉰이나 되어 세대 차이가 너무 심했고, 형제도 넷이나 되었지만 스무 살과 열여섯 살 연상인 첫째와 둘째형은 형이라기보다는 아버지뻘인데다 대구에 오는 일도 거의 없어서 형제다운 우애를 느낄 겨를마저 생기지 않았다. 가족 중 대화 상대는 비록 7세 위이기는 해도 막내형 정건뿐이었다.

어머니가 세상을 떠나기 직전(1910년 봄), 10세 현진건은 형 정건에게 불쑥 한 마디 했다가 머리를 쥐어 박힌 적이 있었다.

"어린 녀석이 뭘 안다고 끼어들어!"

열 살 주제에 형의 인생대사에 콩 놓아라 팥 놓아라 참견을 했으니 꿀밤을 맞아도 쌀 일이긴 했다. 아버지가 형을 혼내는 현장을 목격한 게 사단이 되었다.

"너도 이제 나이가 열아홉이다. 생각이 있다면 어찌 그럴 수가 있단 말이냐?"

형 정건은 묵묵부답 말이 없었다. 말은 아버지 혼자서 다 했다.

"러시아와 일본 유학을 다녀온 네 형들을 봐라. 서울과 진주에서 고급관리와 변호사로 명성을 떨치고 있다. 그런데 너는 어찌 기생과 혼인할 것이라는 소문으로 세간에 이름이 오르락내리락하느냐? 세상에 이보다 더한 집안 망신은 없을 것이다. 창피해서 내가 부내(대구 시내) 출입을 할 수가 없다!"

"……."

여전히 형은 말이 없었다. 그런데 아버지가 덧붙인 말이 진건의 귀에 쏙 들어왔다.

"그것도 기생이 현가라며? 밀양 태생이고! 밀양이라면 우리 연주 현가들이 집성촌을 이루고 있는 고장 아니더냐? 너도 잘 알다시피 우리나라 현가들은 사실상 모두 연주 현가다. 다른 본관들이 있지만 그들도 연주 현가에서 분파했다. 게다가 현가 셋 중 둘은 임진강 이북에 살고 있다. 그리고 열 중 하나는 제주도에 산다. 나머지가 경기와 삼남에 거주하는데 밀양에 제일 많다. 보학에 조금이라도 관심이 있는 사람이면 너와 그 기생 이야기를 듣자마자 '한 뿌리에서 태어난 것들이 자유연애를 벌이고 있네!' 입방아를 찧어대고 손가락질을 할 게다. 이 무슨 가문의 수치냐? 혼인 상대로 기생을 염두에 두고 있다는 것만 해도 집안 명예에 먹칠을 하는 치욕인데, 그것도 기생이 현가라? 어젯밤에도 그 기생과 영선못 주변을 배회하며 놀았다지?"

이때 진건이 끼어들었던 것이다.

"아버지, 그카면은(그러면) 그 현계옥이라 카는(하는) 기생이 내 막내형수님이 되는 거라예(것입니까)?"

현경운이 어이가 없어 '허허허!' 너털웃음을 터뜨리는 사이에 정건이 동생의 머리를 주먹으로 쥐어박았다.

"어린 녀석이 뭘 안다고 끼어들어!"

진건의 정수리에는 정건의 목소리와 꿀밤이 일으킨 불꽃이 우수수 떨어져 내렸다. 진건은 부랴부랴 자리를 벗어나 아버지 옆에 가서 섰다. 현경운이 막내의 머리를 쓰다듬으면서 호통을 이어갔다.

"현계옥은 기생 수업을 받는 와중인데도 일반 공부가 하고 싶었다. 그래서 평복 차림으로 네 동무 이상화의 모친 김신자 교장이 운영하는 달서여학교 부설 부인야학교에 다녔다. 하지만 채 며칠 지나지 않아 일반 여염집 규수가 아니라는 정체가 탄로났다. 학생들이 현계옥을 야학에서 쫓아냈다."

"……"

"야학 교사이던 너는, 수업에 들어오지 못해 울고 있는 그 아이를 동정하여 과외로 개인지도를 해주었다. 그 기생이 뛰어난 인물에다 다재다능하기가 이루 말할 수 없고, 거기에다가 열다섯 나이임에도 박학다식하기가 보통이 아니어서 웬만한 유식자들과도 심오한 대화가 가능한 경지인데, 특히 영어와 한문에 특출한 능력을 갖춘 것은 네가 거의 두 해에 걸쳐 성심성의껏 가르쳐준 덕분이라는 소문이 파다하더구나. 내가 참, 어이가 없어서 …! 그럴 여가가 있으면 어린 동생을 가르쳐야지!"

결국 정건은 아버지의 강요로 경남 명문가 규수 윤덕경과 결혼하게 된다. 그런데 정건은 혼례를 치른 사흘 뒤 중국으로 망명해 버린다. 명분은 독립운동과 유학이었지만 첫사랑인 '사상 기생' 계옥과의 자유연애를 반대한 아버지에 대한 반항이기도 했다. 그 바람에 현진건은 더욱 외로워진다. 그로부터 불과 석 달 뒤 어머니마저 병으로 세상을 떠난다. 이제 현진건은 사실상 외톨이가 되고 말았다.

현경운은 진건의 생모 이정효가 긴 와병 끝에 셋째아들 정건의 혼례를 두 달 앞두고 세상을 뜨자, 삼년상을 치른 후 '홀시아버지로는 막내아들을 장가보내기 어렵다'면서 재취를 했다. 그리고는 진건을 이상화 가문의 월성이씨 집안 이길우의 딸 이순득과 결혼시켰다. 진건이 대구 부호 이길우의 사위가 된 데에는 현경운의 사회 활동과 연관이 있었다.

현경운은 국가 정보기관 대구전보사의 사장이면서도 1908년 당시 전국 최대의 구국계몽단체이던 대한협회의 대구지회 부설 대구노동학교 교장을 맡아 청년들의 민족의식 고취와 국민 계몽 운동에 앞장섰다. 그 일로 현경운은 사립 민족교육기관이자 도서관인 우현서루 운영자 이일우, 달서여학교를 이끌어가고 있던 이상화의 어머니 김신자, 그들의 인척인 2만석 대부호 이장우 등과 각별한 사이가 되었다. 그 인연이 바탕이 되어 1915년 현경운의 막내아들 진건과 이장우의 질녀 이순득의 혼사가 맺어졌던 것이다.

현경운은 진건을 서울 보성고등보통학교로 유학을 보냈다. 그런데 진건은 1년 만에 학교를 제 마음대로 그만두고 집으로 돌아와 버렸다. 현경운은 기가 막혔다. 현경운이,

"네 마음대로 학교를 그만둔 까닭이 무엇이냐? 어린 나이에 어머니도 잃고, 혼인한 지도 얼마 되지 않았고 … 애처롭게 여겨져 묻고 싶지도 않다만, 그래도 궁금하구나. 도대체 무엇 때문이냐?"

하면서 아들을 바라보았다. 진건은 대답을 할 수가 없었다. 말한다고 해서 아버지에게 용납될 내용이 아니었던 까닭이다.

진건이 대구로 돌아온 건 현계옥 때문이었다. 현계옥…….

현계옥은 진건이 서울로 유학을 오기 두 달 전인 1915년 9월에 대구기생조합을 떠나 상경했고, 진건은 그 소문을 대구에서 접하였다. 그때는 그저 '잘 되었어! 형이 대구에 오더라도 두 사람이 만날 일은 없겠군!' 하고 단순히 생각했었다.

진건이 보성고보에 적을 둔 지 여섯 달 조금 지난 1916년 5월 어느 꽃피는 봄날이었다. 문예부에 들어 활동 중이던 진건은 그날도 일과가 끝난 후 반원들이 모이는 빈 교실로 갔다. 출입문을 여니 누군가가 책 하나를 들고 떠들어대고 있었다.

"이 책은 조선연구회가 올해 펴낸, 그러니까 따끈따끈한 신상품인데, 책명이 《조선 미인 보감》이다!"

"제목만 들어도 가슴이 벌렁벌렁하고 온몸에 불길이 마구 치솟으면서 눈앞이 노오랗게 달아오르네요!"

"자, 읽어보겠습니다!"

"예! 불감청고소원이로소이다!"

"한강 이남의 화류계를 뒤흔드는 기생 조직이 한남기생조합인데, 한남기생조합을 이끌고 있는 현계옥은 용태가 풍만하여 조금도 경박함이 없고, 재주가 민첩하여 조금도 더딤이 없으니 이른바 명기라 할지라. 대구에서 기생으로 살던 중 정인으로 사귀던 명문가 호남아가 양반댁 규수와 혼인 후 혼자 중국으로 가버리자 19세, 즉 서기 1915년에 상경하였다더라. 누가 상경 사유를 물어본즉, '정인이 없는 대구에 더 이상 살 이유가 없지 않으리'라고 답변하였다고 전한다. 아무튼 경성에서도 현계옥은 풍류 가무에서 어깨를 나란히 할 이가 없고, 또한 영어와 한문에도 뛰어난 실력을 갖추고 있어 감히 유식자라 자부하는 자들도 함부로 맞상대를 두려워한다더라. 정칠성 등 여러 동지와 작금에 한남기생조합을 창립할 때 모든 계획을 하고 일을 도모한 공로는 가히 으뜸이라. 그래서 한남기생조합에서 가장 뛰어난 첫 자리를 차지하였느니라."9)

읽기가 끝나자 후속 발언 요청이 용솟음친다.

---

9) 동아일보 1925년 11월 3일치에 소개되어 있는 〈朝鮮美人寶鑑에 소개된 원문〉은 '무릇명기보는법이 여러 가지니먼저 용태를 볼것이요 둘재재조를 볼것이라 한남권번현계옥은 용태도 풍만하야 반덤경박함이 업고 재조도민첩하야 일분 둔태함이업스니 이른바명기라할지라 일즉부를여히고 어린아우 계향월향과 우애잇게지나며 십칠세시에 비로소대 구조합에들어 예기가되엿다가 십구세시에 다시 상경하야 동조합에 일흠을실엇는데 풍류가무는 쌍이업슬것이며 겸하야 한문에망매치아니 하더라 여러동무와 한남권번을 창립할제 운주유악에 발종지시한 공로는가히일으되 녀중지망이라 한남권번 의긔린각첫자리를차지할만하도다'인데 이 소설에서는 현대문으로 바꾸면서 약간 알아보기 쉽게 변용했음.

"아! 현계옥! 대단하군, 대단해!"

책 주인이 또 말한다.

"이번 것은 따끈따끈한 소식이오. 매일신보 지난 3월 5일치에 보도된 기사요!"

"바로 얼마 전이네! 빨리 소개를 하시라!"

"자, 읽습니다!"

"말릴 사람 없으니 속히 낭독하시오!"

"현계옥이 경성 사교계 1번지로 이야기되는 황금정 승마 구락부에서 말타기를 배운 이래 백마를 타고 경성 시내를 돌아다니자 경찰이 이를 금지하려는 방침을 세웠다는 소식이라. 현계옥이 하얀 말등에 올라탄 채 자태를 뽐내며 거리를 질주하면 경성 사내들이 모두 넋을 잃고 쳐다보는 바람에 종종 엉뚱한 충돌사고가 일어나는 것이 그 사유라 한다. 급기야 경찰이 '기생 기마 금지' 법령 제정을 강구 중이라는데, 이게 모다 현계옥 때문이라 하여 기생 사회에는 이런저런 말이 많다고들 전한다~."

여기저기서 찬사가 폭발한다.

"현계옥이 백마 타고 돌아다니는 것을 막기 위해 법까지 만든다니, 도대체 궐녀(그녀)는 어떤 여성인가!"

"놀라운 여성일세! 놀라운 여성이야! 오직 할 말은 그뿐!'

"한번 보고 싶어요, 계옥 님이여!"

이날 이후 진건은 학교 출석에 흥미를 잃었다. 문예반 반원들은 날마다 현계옥 찬사를 늘어놓았다. 이내 이야기는 학교 전체로 번졌다. 진건은 그런 인간들이 보기 싫고, 현계옥이 살고 있는 서울이 점점 싫어졌다. 어디를 가나 현계옥 이야기가 화제로 떠도는 서울 하늘도 싫었고, 한량들이 배를 타고 유람을 즐기는 한강도 싫었다.

'현계옥은 틀림없이 형을 만나려고 서울로 왔다. 독립운동가들이 극비리에 중국과 서울을 오간다는 것은 모두가 다 아는 공개된 비밀 아닌가 ….

유일한 대화 상대였던 셋째형이 불쑥 중국으로 망명해 버리고, 곧 이어 어머니가 돌아가시면서 나는 사실상 고아가 되었어. 그 이후 세상에서 말을 나누고 마음을 주고받을 수 있는 사람은 막내형수 윤덕경 뿐이었다 ….'

때마침 아버지 현경운이 진건에게 '중국에 있는 학교에서 독어를 앞서 배운 후 독일로 유학을 가거라. 독일이 작금 세계 최고 국가 아니냐!'라며 권유했다. 진건은 '이게 웬 떡이냐!' 싶은 마음으로 상해 땅을 밟았다. 형수 문제까지 해결할 수 있는 일석이조의 기회로 여긴 것이다.

그러나 1년 만에 유학은 중단된다. 자식이 없던 당숙 현보운이 그를 양자로 지명한 탓이다. 결국 진건은 형과 계옥 사이를 단절하지도 못하고, 형과 형수 사이를 개선하지도 못한 채 귀국한다. 그 이후 그는 문학운동으로 독립에 기여하기로 결심한다.

그 사이 3·1운동을 독려하고 지원하기 위해 현정건은 서울에 파견되었다. 서울에 잠입한 정건은 현계옥이 더욱 유명해져 있는 것을 알게 된다. 계옥은 진주 논개 사당과 평양 계월향 사당 중수 경비를 부담한 일로 일제 경찰에 체포되어 곤욕을 치렀는데, 그 일로 '사상 기생'이라는 명성을 얻었다. 정건과 계옥은 다시 사랑을 확인하고, 몇 달 뒤 계옥은 진건이 없는 상해로 망명한다.

중국으로 가는 도중에 계옥은 '제2의 배정자'로 몰려 곤욕을 겪는다. 이토 히로부미의 애첩으로 소문난 배정자가 정건·진건

형제의 삼촌 현영운의 전 부인이었기 때문이다(21쪽 참조). 그래도 계옥은 오해를 극복하고 의열단 단원으로 맹활약을 펼친다.

현진건은 1921년 1월 〈빈처〉를 발표해 문단의 총아로 우뚝 선다. 같은 해 11월에 발표한 〈술 권하는 사회〉도 현진건의 문단 권위를 드높이는 데 역시 큰 도움이 되었다. 행동하지 못하는 나약한 지식인의 소시민성 비판에 주제를 둔 듯하면서도 당대 조선 사람인의 울분을 은유적으로 형상화한 〈술 권하는 사회〉는 대단한 화제작이 되었다. 식민지 조선인들은 술집에 모여 "사회란 것이 무엇인데 우리에게 술을 권한단 말인가?"라는 말을 주고받는 것으로 일본제국주의에 항의를 표시하면서 서로를 격려하기도 했다.

그 이후 현진건은 작품 경향에 환골탈태의 변화를 시도했다. 일제의 혹독한 수탈에 시달리는 조선인 민중의 모습을 사실적으로 그려냄으로써 일본제국주의의 비인간적 속성을 고발하고, 우리 민족의 궐기를 비유적으로 추동하는 작품들을 창작하기로 마음먹었다.

그런 과정을 거쳐 탄생한 〈운수 좋은 날〉 등의 단편으로 현진건은 재차 확고한 문단 위치를 정립한다. 그러나 의욕적으로 집필한 독립지사 제재 장편 〈해 뜨는 지평선〉의 연재 중단 등을 겪으면서 문학운동에 깊은 좌절을 느끼고 2년 이상 붓을 꺾는다.

그 와중에 동아일보에 '계옥 전기'가 연재된다. 연재 기사는 현계옥을 '현어풍(현정건을 암시하는 가명)의 아내'로 소개한다. 엄연히 부인 윤덕경이 존재하고 있는데도 그렇게 보도가 나간 것이다. 당시 현진건은 동아일보 사회부장이었다. 그는 형수 윤덕경에게 얼굴을 들 수 없게 된다.

파란만장한 시간이 흐른 뒤, 윤덕경은 20년 만에 남편 현정건과 재회한다. 장개석이 국공 합작을 파기하자 프랑스는 일제 경찰이 법조계 안으로 들어와 한국 독립지사들을 검거하는 데에 협조했다. 현정건도 이때 피체되었다가 4년 3개월 만에 풀려나 집으로 돌아온다.

하지만 부부가 함께 있는 시간은 반 년에 지나지 않는다. 고문과 투옥 후유증으로 현정건이 6개월 만에 (1932년 12월 30일) 세상을 떠나고 만 까닭이다. 윤덕경은 남편 사후 41일째(1933년 2월 8일) 시동생 현진건에게 자신을 남편 곁에 묻어달라는 유서를 남기고 스스로 목숨을 끊는다.

현정건 사후 삶의 의욕을 잃은 계옥은 행방을 감춘다. 현진건은 〈해 뜨는 지평선〉을 개작한 장편 〈적도〉에 독립운동가의 삶을 담지만, 가까운 사람들의 죽음과 변절에 짓눌린 마음을 회복하지 못하고 다시 장기 절필에 들어간다.

이때 손기정이 베를린 마라톤에서 우승한다. 현진건은 다른 기자들과 협의해 '일장기 말소 의거'를 일으킨다. 그는 소설이 아니라 몸으로 일제에 직접 맞서면서 비로소 마음이 편안해지는 것을 느낀다.

현진건의 대표작 세 편을 읽겠습니다. 〈고향〉, 〈운수 좋은 날〉, 〈술 권하는 사회〉입니다. 대대로 농사 지어오던 땅을 일본제국주의에 빼앗긴 뒤 생계를 찾아 만주로 갔던 부모는 병들어 죽고, 또 굶어 죽고, 노동자 아들은 일거리를 찾아 세상을 떠돌던 끝에 마지막으로 고향을 찾아갔다가 일찍이 자신과 결혼 이야기가 오갔던 처녀가 유곽 생활 끝에 다 죽어가는 몰골이 된 정경을 보고 눈물을 흘리는데, 그의 얼굴을 '조선의 얼굴'로 표현한 〈고향〉, 가난한 한국인 부부가 고된 노동과 오래된 질병에 시달리며 살아가는 모습을 통해 일제에 수탈당한 우리 민족의 참상을 증언하는 〈운수 좋은 날〉, 식민지 치하의 지식인이 친일 하지 않고 양심을 지키며 살아갈 때 겪는 삶의 어려움과 허망함을 비유적 항일 어조로 풀어낸 〈술 권하는 사회〉는 독립유공자이자 걸출한 민족문학가인 선생의 정신을 다시 한번 생각하게 해주는 계기가 될 것입니다.

고향

대구에서 서울로 올라오는 차중에서 생긴 일이다.
나는 나와 마주 앉은 그를 매우 흥미 있게 바라보고 또 바라보았다. 두루마기 격으로 기모노1)를 둘렀고, 그 안에선 옥양목2) 저고고리가 내어 보이며, 아랫도리엔 중국식 바지를 입었다. 그것은 그네들이 흔히 입는 유지3) 모양으로 번질번질한 암갈색 피륙으로 지은 것이었다. 그리고 발은 감발4)을 하였는데 짚신을 신었고, 고부가리5)로 깎은 머리엔 모자도 쓰지 않았다.
우리가 자리를 잡은 찻간에는 공교롭게 세 나라 사람이 다 모였으니, 내 옆에는 중국 사람이 기대었다. 그의 옆에는 일본 사람이 앉아 있었다. 그는 동양 삼국 옷을 한 몸에 감은 보람이 있어

---

1) 일본 전통 의상. 영어로 Kimono, 한자로 和服으로 표기된다.
2) 목화에서 솜이 나오고, 솜에서 실이 나온다. 그 실을 무명실이라 한다. 무명실로 너비가 넓고 곱게 짠 천細綿布을 옥양목이라 한다. 17세기 이래 영국은 동인도회사를 통해 인도산 면포를 다량 수입해 면직물 생산에 박차를 가했다. 청나라와 일본 상인들이 영국에서 가공된 상품을 개항 이후 우리나라에 들여왔다. 그래서 영국산이라 하여 그 세면포細綿布를 서양포西洋布 혹은 양포洋布라 불렀는데, 표백 가공된 상태가 옥처럼 깨끗한 양포라 하여 옥양목이라는 이름도 얻었다. 그 이후 우리나라 농가에서 생산하던 재래의 무명베는 쇠퇴의 길로 접어들었다.
3) 기름 먹인 종이
4) 버선 대신으로 발에 감은 좁고 긴 무명
5) 머리카락 전체를 1.5cm 정도 길이로 깎은 이발

일본말도 곧잘 철철대이거니와 중국말에도 그리 서툴지 않은 모양이었다.

"고꼬마데 오이데 데스까(어디까지 가십니까)?"

하고 첫마디를 걸더니만, 동경[6]이 어떠니, 대판[7]이 어떠니, 조선 사람은 고추를 끔찍이 많이 먹는다는 둥, 일본 음식은 너무 싱거워서 처음에서는 속이 뉘엿거린다[8]는 둥, 횡설수설 지껄이다가 일본 사람이 엄지와 검지손가락으로 짧게 끊은 꼿꼿한 윗수염을 비비면서 마지못해 까땍까땍하는 고개와 함께

"소데스까(그렇습니까)?"

란 한 마디로 코대답을 할 따름이요, 잘 받아주지 않으매, 그는 또 중국인을 붙들고서 실랑이를 한다.

"니상나열취(어디까지 가십니까)?"

"니싱섬마(이름이 무엇입니까)?"

하고 덤벼 보았으나 중국인 또한 그 기름 끼인 뚜한[9] 얼굴에 수수께끼 같은 웃음을 띨 뿐이요 별로 대구를 하지 않았건만, 그래도 무에라고 연해 웅얼거리면서 나를 보고 웃어보였다. 그것은 마치 짐승을 놀리는 요술쟁이가 구경꾼을 바라볼 때처럼 훌륭한 재주를 갈채해 달라는 웃음이었다. 나는 쌀쌀하게 그의 시선을 피해 버렸다. 그 주적대는[10] 꼴이 어줍잖고 밉살스러웠음이다. 그는 잠깐 입을 닫치고 무료한 듯이 머리를 덕억덕억 긁기도 하며, 손톱을 이로 물어뜯기도 하고, 멀거니 창밖을 내다보기도 하다가, 암만해도

---

6) 동경東京("도쿄")은 일본의 수도이다.
7) 대판大阪("오사카")은 동경 다음 가는 일본 제2의 도시이다.
8) 뉘엿거리다 : 너무 싱거워서 먹으면 토할 것 같다.
9) 말없고 언짢은 기색의
10) 주책없이(생각 없이 마구) 떠들어대는

지절대지 않고는 못 참겠던지 문득 나에게로 향하며,
"어디꺼정 가는기오?"
라고 경상도 사투리로 말을 붙인다.
"서울까지 가요"
"그런기오. 참 반갑구마. 나도 서울꺼정 가는데. 그러면 우리 동행이 되겠구마."
나는 이 지나치게 반가워하는 말씨에 대하여 무어라고 대답할 말도 없고, 또 굳이 대답하기도 싫기에 덤덤히 입을 닫쳐버렸다.
"서울에 오래 살았는기요?"
그는 또 물었다.
"육칠년이나 됩니다."
조금 성가시다 싶었으되, 대꾸 않을 수도 없었다.
"에이구, 오래 살았구마, 나는 처음길인데 우리 같은 막벌이군이 차를 내려서 어디로 찾아가야 되겠는기요? 일본으로 말하면 기전야도11) 같은 것이 있는기오?"
하고 그는 답답한 제 신세를 생각했던지 찡그려 보였다.
그때 나는 그의 얼굴이 웃기보다 찡그리기에 가장 적당한 얼굴임을 발견하였다. 군데군데 찢어진 경성드뭇한 눈썹이 알알이 일어서며, 아래로 축 처지는 서슬에 양미간에는 여러 가닥 주름이 잡히고, 광대뼈 위로 뺨살이 실룩실룩 보이자 두 볼은 쪽 빨아든다. 입은 소태나 먹은 것처럼 왼편으로 삐뚤어지게 찢어 올라가고, 조이던 눈엔 눈물이 괸 듯 삼십 세밖에 안 되어 보이는 그 얼굴이 10년가량은 늙어진 듯하였다. 나는 그 신산스러운 표정에 얼마쯤 감동이 되어서 그에게 대한 반감이 풀려지는 듯하였다.
"글쎄요, 아마 노동 숙박소란 것이 있지요."

---

11) 노동자 합숙소

노동 숙박소에 대해서 미주알고주알 묻고 나서,
"시방 가면 무슨 일자리를 구하겠는기오?"
라고 그는 매달리는 듯이 또 채쳤다.
"글쎄요, 무슨 일자리를 구할 수 있을는지요."
나는 내 대답이 너무 냉랭하고 불친절한 것이 죄송스러웠다. 그러나 일자리에 대하여 아무 지식이 없는 나로서는 이외에 더 좋은 대답을 해 줄 수가 없었던 것이다. 그 대신 나는 은근하게 물었다.
"어디서 오시는 길입니까?"
"흥, 고향에서 오누마."
하고 그는 휘 한숨을 쉬었다. 그러자 그의 신세타령의 실마리는 풀려 나왔다.
그의 고향은 대구에서 멀지 않은 K군 H란 외따른 동리였다. 한 백 호 남짓한 그곳 주민은 전부가 역둔토12)를 파먹고 살았는데, 역둔토로 말하면 사삿집13) 땅을 부치는 것보다 떨어지는 것이 후하였다. 그러므로 넉넉지는 못할망정 평화로운 농촌으로 남부럽지 않게 지낼 수 있었다.
그러나 세상이 뒤바뀌자 그 땅은 전부가 동양척식회사14)의 소유에 들어가고 말았다. 직접으로 회사에 소작료를 바치게 되었으

---

12) 역이나 관청이 소유한 땅
13) 개인
14) 한국을 식민지화할 목적으로 일본이 1908년 12월 28일 설립한 국책회사이다. 일본 정부 고위관리와 한국 주재 일제통감부 관리 83명, 한국인 33명이 창립위원으로 참여했다. 설립 실무는 한반도가 아니라 동경에 설치된 설립준비사무소가 맡았다. 1920년대 말경 동양척식주식회사가 소유한 농토는 한반도 전체 경작지의 3분의 1에 이르렀다. 일제는 50%가 넘는 소작료를 받았고, 빌려준 곡식에도 20% 이상의 이자를 받았다.

면 그래도 나으련만 소위 중간 소작인이란 것이 생겨나서 저는 손에 흙 한 번 만져 보지도 않고 동척엔 소작인 노릇을 하며 실작인15)에게는 지주 행세를 하게 되었다. 동척에 소작료를 물고 나서 또 중간 소작료에게 긁히고 보니, 실작인의 손에는 소출이 3할도 떨어지지 않았다. 그 후로 '죽겠다', '못 살겠다' 하는 소리는 중이 염불하듯 그들의 입길에서 오르내리게 되었다. 남부여대하고 타처로 유리하는 사람만 늘고 동리는 점점 쇠진해 갔다.

지금으로부터 9년 전, 그가 열일곱 살 되던 해 봄에(그의 나이는 실상 스물여섯이었다. 가난과 고생이 얼마나 사람을 늙히는가?) 그의 집안은 살기 좋다는 바람에 서간도로 이사를 갔었다. 쫓겨가는 이의 운명이거든 어디를 간들 신신하랴. 그곳의 비옥한 전야도 그들을 위하여 열려질 리 없었다. 조금 좋은 땅은 먼저 간 이가 모조리 차지하였고, 황무지는 비록 많다 하나 그곳 당도하던 날부터 아침거리 저녁거리 걱정이라, 무슨 행세로 적어도 1년이란 장구한 세월을 먹고 입어 가며 거친 땅을 풀 수가 있으랴. 남의 밑천을 얻어서 농사를 짓고 보니, 가을이 되어 얻는 것은 빈 주먹뿐이었다.

이태 동안을 사는 것이 아니라 억지로 버티어 갈 제, 그의 아버지는 우연히 병을 얻어 타국의 외로운 혼이 되고 말았다. 열아홉 살밖에 안된 그가 홀어머니를 모시고 악으로 악으로 모진 목숨을 이어가는 중, 4년이 못 되어 영양 부족한 몸이 심한 노동에 지친 탓으로 그의 어머니 또한 죽고 말았다.

"모친까장 돌아갔구마."

"돌아가실 때 흰죽 한 모금도 못 자셨구마."

하고 이야기하던 이는 문득 말을 뚝 끊는다. 그의 눈이 번들번들

---

15) 실제로 농사를 짓는 사람

함은 눈물이 쏟아졌음이리라.

나는 무엇이라고 위로할 말을 몰랐다. 한동안 머뭇머뭇이 있다가 나는 차를 탈 때에 친구들이 사준 정종 병마개를 빼었다. 찻잔에 부어서 그도 마시고 나도 마시었다. 악착한 운명이 던져 준 깊은 슬픔을 술로 녹이려는 듯이 연거푸 다섯 잔을 마시는 그는 다시 말을 계속하였다.

그 후 그는 부모 잃은 땅에 오래 머물기 싫었다. 신의주로, 안동현으로 품을 팔다가 일본으로 또 벌이를 찾아가게 되었다.

구주 탄광에 있어도 보고, 대판 철공장에도 몸을 담가 보았다. 벌이는 조금 나았으나 외롭고 젊은 몸은 자연히 방탕해졌다. 돈을 모으려야 모을 수 없고 이따금 울화만 치받치기 때문에 한 곳에 주접을 하고 있을 수 없었다.

화도 나고 고국산천이 그립기도 하여서 훌쩍 뛰어나왔다가 오래간만에 고향을 둘러보고 벌이를 구할 겸 서울로 올라가는 길이라 했다.

"고향에 가시니 반가워하는 사람이 있습디까?"

나는 탄식하였다.

"반가워하는 사람이 다 뭔기오, 고향이 통 없어졌더마."

"그렇겠지요. 9년 동안이면 퍽 변했겠지요."

"변하고 뭐고 간에 아무것도 없더마. 집도 없고, 사람도 없고, 개 한 마리도 얼씬을 않더마."

"그러면, 아주 폐동이 되었단 말씀이오?"

"흥, 그렇구마. 무너지다 만 담만 즐비하게 남았더마. 우리 살던 집도 터야 안 남았겠는기오? 암만 찾아도 못 찾겠더마. 사람 살던 동리가 그렇게 된 것을 혹 구경했는기오?"

하고 그의 짜는 듯한 목은 높아졌다.

"썩어 넘어진 서까래, 뚤뚤 구르는 주추 …! 꼭 무덤을 파서 해골을 헐어 젖혀 놓은 것 같더마. 세상에 이런 일도 있는기오? 백여호 살던 동리가 10년이 못 되어 통 없어지는 수도 있는기오, 휘!"
하고 그는 한숨을 쉬며, 그때의 광경을 눈앞에 그리는 듯이 멀거니 먼 산을 보다가 내가 따라 준 술을 꿀꺽 들이켜고,

"참! 가슴이 터지더마, 가슴이 터져!"
하자마자 굵직한 눈물 뒤 방울이 뚝뚝 떨어진다. 나는 그 눈물 가운데 음산하고 비참한 조선의 얼굴을 똑똑히 본 듯싶었다. 이윽고 나는 이런 말을 물었다.

"그래, 이번 길에 고향 사람은 하나도 못 만났습니까?"
"하나 만났구마, 단지 하나."
"친척 되는 분이던가요?"
"아니구마, 한 이웃에 살던 사람이구마."
하고 그의 얼굴은 더욱 침울해진다.
"여간 반갑지 않으셨겠지요?"
"반갑다마다, 죽은 사람을 만난 것 같더마. 더구나 그 사람은 나와 까닭도 좀 있던 사람인데 …."
"까닭이라니?"
"나와 혼인 말이 있던 여자구마."
"하 …!"
나는 놀란 듯이 벌린 입이 다물어지지 않았다.
"그 신세도 내 신세만이나 하구마."
하고 그는 또 이야기를 계속하였다.

그 여자는 자기보다 나이 두 살 위였는데, 한 이웃에 사는 탓으로 같이 놀기도 하고 싸우기도 하며 자라났었다. 그가 열네댓 살 적부터 그들 부모 사이에 혼인 말이 있었고, 그도 어린 마음에

매우 탐탁하게 생각하였었다.

그런데 그 처녀가 열일곱 살 된 겨울에 별안간 간 곳을 모르게 되었다. 알고 보니, 그 아버지 되는 자가 20원을 받고 대구 유곽에 팔아먹은 것이었다. 그 소문이 퍼지자 그 처녀 가족은 그 동리에서 못 살고 멀리 이사를 갔는데 그 후로는 물론 피차에 한 번 만나 보지도 못하였다.

이번에야 빈 터만 남은 고향을 구경하고 돌아오는 길에 읍내에서 그 아내 될 뻔한 댁과 마주치게 되었다. 처녀는 어떤 일본 사람 집에서 아이를 보고 있었다. 궐녀는 20원 몸값을 10년을 두고 갚았건만 그래도 주인에게 빚이 60원이나 남았었는데, 몸에 몹쓸 병이 들고 나이 늙어져서 산송장이 되니까 주인 되는 자가 특별히 빚을 탕감해 주고 작년 가을에야 놓아 준 것이었다.

궐녀도 자기와 같이 10년 동안이나 그리던 고향에 찾아오니까 거기에는 집도 없고, 부모도 없고 쓸쓸한 돌무더기만 눈물을 자아낼 뿐이었다. 하루 해를 울어 보내고 읍내로 들어와서 돌아다니다가, 10년 동안에 한 마디 두 마디 배워 두었던 일본말 덕택으로 그 일본 집에 있게 된 것이었다.

"암만 사람이 변하기로 어째 그렇게도 변하는기오? 그 숱 많던 머리가 훌렁 다 벗어졌더마. 눈을 푹 들어가고 그 이들이들하던 얼굴빛도 마치 유산을 끼얹은 듯하더마."

"서로 붙잡고 많이 우셨겠지요?"

"눈물도 안 나오더마. 일본 우동집에 들어가서 둘이서 정종만 열 병 따라 누이고 헤어졌구마."

하고 가슴을 짜는 듯이 괴로운 한숨을 쉬더니만, 그는 지난 슬픔을 새록새록 자아내어 마음을 새기기에 지치었음이더라.

"이야기를 다하면 뭐하는기오?"

하고 쓸쓸하게 입을 다문다. 나 또한 너무도 참혹한 사람살이를 듣기에 쓴물이 났다.

"자, 우리 술이나 마저 먹읍시다."

하고 우리는 주거니 받거니 한 되 병을 다 말리고 말았다.

그는 취흥에 겨워서 우리가 어릴 때 멋모르고 부르던 노래를 읊조리었다.

볏섬이나 나는 전토는
신작로가 되고요—
말마디나 하는 친구는
감옥소로 가고요 —
담뱃대나 떠는 노인은
공동묘지 가고요 —
인물이나 좋은 계집은
유곽으로 가고요 — ▮(1926년 발표)

운수 좋은 날

　　새침하게 흐린 품1)이 눈이 올 듯하더니 눈은 아니 오고 얼다가 만 비가 추적추적 내리는 날이었다.
　　이날이야말로 동소문2) 안에서 인력거꾼3) 노릇을 하는 김첨지4)에게는 오래간만에도 닥친 운수 좋은 날이었다. 문 안에5)(거기도 문밖은 아니지만) 들어간답시는 앞집 마마님6)을 전찻길까지 모셔

---

　　1) '볼품없다' 등에 쓰이는 '품'은 모양, 동작, 됨됨이 등을 나타내는 우리 고유어로, 영어 form과 유사하게 사용되고 있지만 그 의미의 깊이와 넓이는 훨씬 뛰어난 어휘이다.
　　2) 혜화문(종로구 혜화동 28-5, 창경궁로 28-5)의 다른 이름이다. 조선 왕조는 건국 5년 뒤인 1397년에 도성都城을 에워싸는 성곽을 건설하면서 4개의 대문(남대문·동대문·서대문·북대문)을 세웠다. 이때 대문 사이마다 작은 문을 별도로 설치했는데 동대문과 북대문 중간에 세운 소문小門이 동소문東小門이다.
　　3) 인력거人力車는 사람人 힘力으로 끄는 수레車이다. 일본에서 처음 만들어져 동양으로 전파되었다. 그러므로 인력거꾼은 인력거를 이용해 사람을 태워주고 짐을 옮겨주는 일이 직업인 사람을 뜻한다.
　　4) 첨지僉知는 조선의 하급 관직 중 한 가지로, 여기서는 소설 주인공 김씨가 실제로 그 벼슬을 하고 있어서가 아니라 그의 사회적 지위가 낮다는 사실을 나타내기 위한 명칭으로 활용되었다.
　　5) '문 안'은 '사대문 안', 즉 '시내 중심부'를 뜻한다.
　　6) 마마는 '대비마마, 어마마마' 식으로 왕족을 부를 때 쓴 호칭으로, 여기서는 옆집 여인을 높여서 부른 '마나님'과 같은 의미로 사용되었음. 천연두를 '마마'라고 부르기도 하는데, 천연두를 그렇게 높여

다 드린 것을 비롯으로7) 행여나 손님이 있을까 하고 정류장에서 어정어정하며 내리는 사람 하나하나에게 거의 비는 듯한 눈결을 보내고 있다가 마침내 교원인 듯한 양복쟁이8)를 동광학교까지 태워다 주기로 되었다.

첫 번에 삼십 전, 둘째 번에 오십 전 – 아침 댓바람9)에 그리 흉치 않은10) 일이었다. 그야말로 재수가 옴 붙어서11) 근 열흘 동안 돈 구경도 못한 김첨지는 십 전짜리 백동화 서 푼, 또는 다섯 푼이 찰깍 하고 손바닥에 떨어질 제 거의 눈물을 흘릴 만큼 기뻤었다. 더구나 이날 이때에 이 팔십 전이라는 돈이 그에게 얼마나 유용한지 몰랐다. 컬컬한 목에 모주12) 한 잔도 적실 수 있거니와 그보다

서 호칭하면 천연두 귀신이 사람들을 덜 해치지 않을까 하는 주술적(원시종교적) 의도가 담긴 것으로 여겨진다.

7) 비롯하여
8) 양복 입은 사람
9) '댓바람'은 어떤 일이나 때를 당하여 머뭇거리지 않는 행동을 뜻하는 명사로, '소문을 듣고 댓바람에 달려왔다. 밥 두 그릇을 댓바람에 먹었다' 식으로 쓰인다. 이 부분의 '아침 댓바람에'는 '아침 일찍부터' 정도의 뜻이다.
10) 흉하지 않은, 나쁘지 않은
11) '재수가 옴 붙어서' : 옴벌레가 일으키는 피부병을 옴이라 한다. 즉 '재수가 옴 붙어서 근 열흘 동안 돈 구경도 못했다'는 것은 재수가 아주 좋지 않았다는 뜻이다.
12) 술을 거르고 남은 찌꺼기인 술지게미에 물을 타서 뿌옇게 걸러낸 막걸리. 즉 모주는 정상 탁주가 아니라 빈민층에게 공급하기 위해 별도로 만든 싸구려 술이다. 광해군 때 인목대비의 어머니인 노씨 부인이 제주도에서 귀양살이를 할 때 술지게미를 재탕한 막걸리를 만들어 섬사람들에게 값싸게 팔았는데, 그 이후 어머니가 만든 술이라 하여 '모주母酒'라 부르게 되었다. 지금도 제주도에서는 탁주를 모주라

도 앓는 아내에게 설렁탕13) 한 그릇도 사다 줄 수 있음이다.

그의 아내가 기침으로 쿨룩거리기는 벌써 달포14)가 넘었다. 조밥도 굶기를 먹다시피 하는 형편이니 물론 약 한 첩15) 써본 일이 없다. 구태여 쓰려면 못쓸 바도 아니로되 그는 병이란 놈에게 약을 주어 보내면 재미를 붙여서 자꾸 온다는 자기의 신조16)에 어디까지 충실하였다. 따라서 의사에게 보인 적이 없으니 무슨 병인지는 알 수 없으되 반듯이 누워 가지고 일어나기는 새로17) 모로18)도 못 눕는 걸 보면 중증은 중증인 듯. 병이 이대도록19) 심해지기는 열흘 전에 조밥을 먹고 체한 때문이다.

그때도 김첨지가 오래간만에 돈을 얻어서 좁쌀 한 되와 십 전짜리 나무 한 단20)을 사다 주었더니 김첨지의 말에 의지하면 그

부르고 있다.

13) 먹을거리를 물에 넣고 오랫동안 고아서(진득해질 정도로 끓여서) 만든 음식. 소의 창자 끝에 달린 기름기 많은 곤자소니 부위, 소의 가슴살인 양지머리, 허벅지 뒤쪽 살인 사태 그리고 뼈 등을 넣고 오래 곤 국을 곰탕이라 한다. 즉 곰탕은 고깃국물이다. 그와 달리 현진건 소설 〈운수 좋은 날〉에 나오는 설렁탕은 소 네 다리의 뼈인 사골, 무릎 관절을 이루는 도가니뼈, 기타 잡뼈 등에 소의 허파, 혀, 그 외 양지머리와 사태 등을 넣어 끓인 '뼈 국물'이다. 국물은 일반적으로 설렁탕은 뽀얗고 곰탕은 맑다.

14) 한 달이 조금 넘는 기간

15) 한약을 싼 봉지

16) 믿음, 가치관

17) 조사 '은'이나 '는' 뒤에 붙어서 '커녕, 고사하고' 등의 뜻을 나타내는 보조사.

18) 옆으로, 가장자리로

19) 이토록

20) 나무를 묶은 단위

오라질 년[21]이 천방지축으로[22] 냄비에 대고 끓였다.

　마음은 급하고 불길은 달지 않아 채 익지도 않은 것을 그 오라질년이 숟가락은 고만두고 손으로 움켜서 두 뺨에 주먹덩이 같은 혹이 불거지도록 누가 빼앗을 듯이 처박질하더니만 그날 저녁부터 가슴이 땡긴다, 배가 켕긴다고 눈을 홉뜨고 지랄병[23]을 하였다. 그 때 김첨지는 열화와 같이 성을 내며,

　"에이, 오라질년, 조랑복[24]은 할 수가 없어, 못 먹어 병, 먹어서 병! 어쩌란 말이야! 왜 눈을 바루 뜨지 못해!"

하고 앓는 이의 뺨을 한 번 후려갈겼다. 홉뜬 눈은 조금 바루어졌건만 이슬이 맺히었다. 김첨지의 눈시울도 뜨끈뜨끈하였다.

　이 환자가 그러고도 먹는 데는 물리지 않았다. 사흘 전부터 설렁탕 국물이 마시고 싶다고 남편을 졸랐다.

　"이런 오라질 년! 조밥도 못 먹는 년이 설렁탕은. 또 처먹고 지랄병을 하게."

라고, 야단을 쳐보았건만, 못 사주는 마음이 시원치는 않았다.

　인제 설렁탕을 사줄 수도 있다. 앓는 어미 곁에서 배고파 보채는 개똥이[25]에게 죽을 사줄 수도 있다. 팔십 전을 손에 쥔 김첨지의 마음은 푼푼하였다[26].

---

　21) 죄수를 묶을 때 사용하던 줄(오라)에 포박당해도 주위로부터 동정을 받지 못한 여자

　22) 천방天方은 하늘의 한 구석, 지축地軸은 지구가 자전하는 중심선을 뜻한다. 즉 천방지축은 '하늘과 땅속을 왔다 갔다 한다', 즉 '갈피를 잡지 못하고 허둥댄다'는 뜻이다.

　23) 본래 '지랄병'은 간질병의 속어인데, 이곳에서는 법석을 떨며 분별없이 하는 행동을 속되게 이르는 뜻으로 쓰였다.

　24) 좋은 일이 생겨도 오래 누리지 못하는 사람

　25) 세 살 먹은 아들

그러나 그의 행운은 그걸로 그치지 않았다. 땀과 빗물이 섞여 흐르는 목덜미를 기름주머니가 다 된 왜목27) 수건으로 닦으며, 그 학교 문을 돌아 나올 때였다. 뒤에서 '인력거!' 하고 부르는 소리가 난다. 자기를 불러 멈춘 사람이 그 학교 학생인 줄 김첨지는 한 번 보고 짐작할 수 있었다. 그 학생은 다짜고짜로,
"남대문 정거장까지 얼마요?"
라고 물었다. 아마도 그 학교 기숙사에 있는 이로 동기 방학28)을 이용하여 귀향하려 함이리라. 오늘 가기로 작정은 하였건만 비는 오고, 짐은 있고 해서 어찌할 줄 모르다가 마침 김첨지를 보고 뛰어나왔음이리라. 그렇지 않으면 왜 구두를 채 신지 못해서 질질 끌고, 비록 고구라29) 양복일망정 노박이로30) 비를 맞으며 김첨지를 뒤쫓아 나왔으랴.
"남대문 정거장까지 말씀입니까?"
하고 김첨지는 잠깐 주저하였다. 그는 이 우중에 우장도 없이31) 그 먼 곳을 철벅거리고 가기가 싫었음일까? 처음 것 둘째 것으로 그만 만족하였음일까? 아니다. 결코 아니다. 이상하게도 꼬리를 맞물고 덤비는 이 행운 앞에 조금 겁이 났음이다.
그리고 집을 나올 제 아내의 부탁이 마음이 켕기었다. 앞집 마마한테서 부르러 왔을 제 병인32)은 뼈만 남은 얼굴에 유일의 샘물

---

26) 모자람 없이 넉넉하였다
27) 무명실을 사용해서 서양목처럼 짠 베, 흔히 광목이라 함.
28) 겨울방학
29) 굵은 실로 두껍게 짠 면직물로서 일본 고쿠라 지방에서 많이 생산되었다고 하여 '고구라古九羅 양복' 식으로 불렸다.
30) 줄곧 계속해서
31) 비가 오는 중에 비를 가릴 우산이나 비옷도 없이

같은, 유달리 크고 움푹한 눈에 애걸하는 빛을 띠며,
"오늘은 나가지 말아요. 제발 덕분에 집에 붙어 있어요. 내가 이렇게 아픈데······."
라고, 모깃소리같이 중얼거리고 숨을 걸그렁걸그렁하였다. 그때에 김첨지는 대수롭지 않은 듯이,
"아따, 젠장맞을 년, 별 빌어먹을 소리를 다 하네. 맞붙들고 앉았으면 누가 먹여 살릴 줄 알아."
하고 홀쩍 뛰어나오려니까 환자는 붙잡을 듯이 팔을 내저으며,
"나가지 말라도 그래, 그러면 일찍이 들어와요."
하고, 목 메인 소리가 뒤를 따랐다.
정거장까지 가잔 말을 들은 순간에 경련적으로 떠는 손, 유달리 큼직한 눈, 울 듯한 아내의 얼굴이 김첨지의 눈앞에 어른어른하였다.
"그래 남대문 정거장까지 얼마란 말이오?"
하고 학생은 초조한 듯이 인력거꾼의 얼굴을 바라보며 혼잣말같이,
"인천 차가 열한 점에 있고 그 다음에는 새로 두 점이든가."
라고 중얼거린다.
"일 원 오십 전만 줍시오"
이 말이 저도 모를 사이에 불쑥 김첨지의 입에서 떨어졌다. 제 입으로 부르고도 스스로 그 엄청난 돈 액수에 놀랐다. 한꺼번에 이런 금액을 불러라도 본 지가 그 얼마 만인가!
그러자 그 돈 벌 욕기33)가 병자에 대한 염려를 사르고 말았다. 설마 오늘 내로 어떠랴 싶었다. 무슨 일이 있더라도 제일 제이의 행운을 곱친34) 것보다도 오히려 갑절이 많은 이 행운을 놓칠 수

32) 아픈 사람
33) 지나친 욕심과 기운

없다 하였다.

"일 원 오십 전은 너무 과한데."

이런 말을 하며 학생은 고개를 기웃하였다.

"아니올시다. 이수35)로 치면 여기서 거기가 시오36) 리가 넘는답니다. 또 이런 진날37)은 좀 더 주셔야지요."

하고 빙글빙글 웃는 차부38)의 얼굴에는 숨길 수 없는 기쁨이 넘쳐 흘렀다.

"그러면 달라는 대로 줄 터이니 빨리 가요."

관대한 어린 손님은 이런 말을 남기고 총총히 옷도 입고 짐도 챙기러 갈 데로 갔다.

그 학생을 태우고 나선 김첨지의 다리는 이상하게 거뿐하였다. 달음질을 한다느니 보다 거의 나는 듯하였다. 바퀴도 어떻게 속히 도는지 구른다느니보다 마치 얼음을 지쳐 나가는 스케이트 모양으로 미끄러져 가는 듯하였다. 언 땅에 비가 내려 미끄럽기도 하였지만.

이윽고 끄는 이의 다리는 무거워졌다. 자기 집 가까이 다다른 까닭이다. 새삼스러운 염려가 그의 가슴을 눌렀다.

"오늘은 나가지 말아요, 내가 이렇게 아픈데!"

이런 말이 잉잉 그의 귀에 울렸다. 그리고 병자의 움쑥 들어간 눈이 원망하는 듯이 자기를 노리는 듯하였다. 그러자 엉엉 하고 우는 개똥이의 곡성을 들은 듯싶다. 딸국딸국 하고 숨 모으는 소리도 나는 듯싶다 ….

---

34) 두 배로 계산한
35) 리里(1리 = 400미터)의 수
36) 15리 = 6000미터
37) 비가 와서 땅이 질퍽질퍽한 날
38) 인력거車를 끄는 사람夫, 인력거꾼

"왜 이리우, 기차 놓치겠구먼."
하고 탄 이의 초조한 부르짖음이 간신히 그의 귀에 들어왔다. 언뜻 깨달으니 김첨지는 인력거를 쥔 채 길 한복판에 엉거주춤 멈춰 있지 않은가.

"예, 예."
하고, 김첨지는 또다시 달음질하였다. 집이 차차 멀어 갈수록 김첨지의 걸음에는 다시금 신이 나기 시작하였다. 다리를 재게[39] 놀려야만 쉴 새 없이 자기의 머리에 떠오르는 모든 근심과 걱정을 잊을 듯이.

정거장까지 끌어다 주고 그 깜짝 놀란 일 원 오십 전을 정말 제 손에 쥠에 제 말마따나 십 리나 되는 길을 비를 맞아 가며 질퍽거리고 온 생각은 아니하고 거저나 얻은 듯이 고마웠다. 졸부나 된 듯이 기뻤다. 제 자식뻘 밖에 안 되는[40] 어린 손님에게 몇 번 허리를 굽히며,

"안녕히 다녀옵시오."
라고 깍듯이 재우쳤다[41].

그러나 빈 인력거를 털털거리며 이 우중에 돌아갈 일이 꿈밖이었다. 노동으로 하여 흐른 땀이 식어지자 굶주린 창자에서, 물 흐르는 옷에서 어슬어슬 한기[42]가 솟아나기 비롯하매 일 원 오십 전이란 돈이 얼마나 괜찮고 괴로운 것인 줄 절절히 느끼었다. 정거장을 떠나는 그의 발길은 힘 하나 없었다. 온몸이 웅송그려지며[43]

---

39) 빨리
40) 나이가 자신의 자식 정도밖에 안 되는
41) 재촉했다
42) 추운 느낌
43) 춥거나 무서워서 몸이 웅크려지며

당장 그 자리에 엎어져 못 일어날 것 같았다.
"젠장맞을 것, 이 비를 맞으며 빈 인력거를 털털거리고 돌아를 간담. 이런 빌어먹을 제 할미를 붙을 비가 왜 남의 상판44)을 딱딱 때려!"
그는 몹시 화증을 내며 누구에게 반항이나 하는 듯이 게걸거렸다. 그럴 즈음에 그의 머리엔 또 새로운 광명이 비쳤나니 그것은 '이러구 갈 게 아니라 이 근처를 빙빙 돌며 차 오기를 기다리면 또 손님을 태우게 될는지도 몰라'란 생각이었다.
오늘 운수가 괴상하게도 좋으니까 그런 요행45)이 또 한번 없으리라고 누가 보증하랴. 꼬리를 굴리는 행운이 꼭 자기를 기다리고 있다고 내기를 해도 좋을 만한 믿음을 얻게 되었다. 그렇다고 정거장 인력거꾼의 등쌀이 무서우니 정거장 앞에 섰을 수는 없었다. 그래서 그는 이전에도 여러 번 해본 일이라 바로 정거장 앞 전차 정류장에서 조금 떨어지게 사람 다니는 길과 전찻길 틈에 인력거를 세워 놓고 자기는 그 근처를 빙빙 돌며 형세를 관망하기로 하였다.
얼마 만에 기차는 왔고 수십 명이나 되는 손이 정류장으로 쏟아져 나왔다. 그 중에서 손님을 물색하는 김첨지의 눈엔 양머리에 뒤축 높은 구두를 신고 망토까지 두른 기생 퇴물46)인 듯 난봉47) 여학생인 듯한 여편네의 모양이 띄었다. 그는 슬근슬근 그 여자의 곁으로 다가들었다.
"아씨, 인력거 아니 타시랍시요."
그 여학생인지 만지가48) 한참은 매우 때깔을 빼며49) 입술을

---

44) 얼굴을 속되게 이르는 말
45) 뜻밖의 행운
46) 지금은 기생이 아니지만 젊었을 때 기생을 지낸 여인
47) 언행이 착실하지 못함.

꼭 다문 채 김첨지를 거들떠보지도 않았다. 김첨지는 구걸하는 거지나 무엇같이 연해연방50) 그의 기색을 살피며,

"아씨, 정거장 애들보담 아주 싸게 모셔다 드리겠습니다. 댁이 어디신가요."

하고 추근추근하게도 그 여자의 들고 있는 일본식 버들고리짝에 제 손을 대었다.

"왜 이래, 남 귀치않게."

소리를 벽력같이 지르고는 돌아선다. 김첨지는 어랍시요 하고 물러섰다.

전차는 왔다. 김첨지는 원망스럽게 전차 타는 이를 노리고 있었다. 그러나 그의 예감은 틀리지 않았다. 전차가 빡빡하게 사람을 싣고 움직이기 시작하였을 제 타고 남은 손 하나가 있었다. 굉장하게 큰 가방을 들고 있는걸 보면 아마 붐비는 차 안에 짐이 크다 하여 차장에게 밀려 내려온 눈치였다. 김첨지는 대어섰다.

"인력거를 타시랍시요."

한동안 값으로 승강이를 하다가 육십 전에 인사동까지 태워다 주기로 하였다. 인력거가 무거워지매 그의 몸은 이상하게도 가벼워졌고 그리고 또 인력거가 가벼워지니 몸은 다시금 무거워졌건만 이번에는 마음조차 초조해 온다.

집의 광경이 자꾸 눈앞에 어른거리어 인제 요행을 바랄 여유도 없었다. 나무 등걸이나 무엇 같고 제 것 같지도 않은 다리를 연해 꾸짖으며 질팡갈팡 뛰는 수밖에 없었다. 저놈의 인력거꾼이 저렇게 술이 취해 가지고 이 진땅에 어찌 가노, 라고 길 가는 사람이

---

48) 여학생인지 아닌지 한 것이
49) 잘난 척하며
50) 계속해서 자꾸만

걱정을 하리만큼 그의 걸음은 황급하였다.

흐리고 비 오는 하늘은 어둠침침하게 벌써 황혼에 가까운 듯하다. 창경원 앞까지 다다라서야 그는 턱에 닿은 숨을 돌리고 걸음도 늦추잡았다. 한 걸음 두 걸음 집이 가까워 갈수록 그의 마음조차 괴상하게 누그러웠다. 그런데 이 누그러움은 안심에서 오는 게 아니요 자기를 덮친 무서운 불행을 빈틈없이 알게 될 때가 박두51)한 것을 두리는52) 마음에서 오는 것이다.

그는 불행에 다닥치기 전 시간을 얼마쯤이라도 늘이려고 버르적거렸다53). 기적에 가까운 벌이를 하였다는 기쁨을 할 수 있으면 오래 지니고 싶었다. 그는 두리번두리번 사면을 살피었다. 그 모양은 마치 자기 집 ― 곧 불행을 향하고 달아가는 제 다리를 제 힘으로는 도저히 어찌할 수 없으니 누구든지 나를 좀 잡아 다고, 구해다고 하는 듯하였다.

그럴 즈음에 마침 길가 선술집54)에서 그의 친구 치삼이가 나온다. 그의 우글우글 살찐 얼굴에 주홍이 덧는 듯, 온 턱과 뺨을 시커멓게 구레나룻이 덮였거늘 노르탱탱한 얼굴이 바짝 말라서 여기저기 고랑이 패고 수염도 있대야 턱밑에만 마치 솔잎 송이를 거꾸로 붙여 놓은 듯한 김첨지의 풍채하고는 기이한 대상을 짓고 있었다.

"여보게 김첨지, 자네 문안 들어갔다 오는 모양일세그려. 돈 많이 벌었을 테니 한잔 빨리게."

뚱뚱보는 말라깽이를 보던 맡에 부르짖었다. 그 목소리는 몸집과 딴판으로 연하고 싹싹하였다. 김첨지는 이 친구를 만난 게 어

---

51) 박두하다 : 때가 다가오다.
52) 두리다 : 두려워하다.
53) 버르적거리다 : 힘든 일에서 벗어나려고 몸을 허둥대다.
54) 서서 술을 마시는 집. 값이 싸고 시설이 허술한 술집.

떻게 반가운지 몰랐다. 자기를 살려 준 은인이나 무엇같이 고맙기도 하였다.

"자네는 벌써 한잔한 모양일세그려. 자네도 오늘 재미가 좋아 보이."

하고 김첨지는 얼굴을 펴서 웃었다.

"아따, 재미 안 좋다고 술 못 먹을 낸가. 그런데 여보게, 자네 왼 몸이 어째 물독에 빠진 생쥐(작은 쥐) 같은가. 어서 이리 들어와 말리게."

선술집은 훈훈하고 뜨뜻하였다. 추어탕을 끓이는 솥뚜껑을 열 적마다 뭉게뭉게 떠오르는 흰 김, 석쇠에서 뻐지짓뻐지짓 구워지는 너비아니구이55)며 제육56)이며 간이며 콩팥이며 북어며 빈대떡…… 이 너저분하게 늘어 놓인 안주 탁자에 김첨지는 갑자기 속이 쓰려서 견딜 수 없었다. 마음대로 할 양이면 거기 있는 모든 먹음먹이57)를 모조리 깡그리 집어삼켜도 시원치 않았다 하되 배고픈 이는 위선58) 분량 많은 빈대떡 두 개를 쪼이기도 하고 추어탕59)을 한 그릇 청하였다.

주린 창자는 음식맛을 보더니 더욱더욱 비어지며 자꾸자꾸 들이라 들이라 하였다. 순식간에 두부와 미꾸리 든 국 한 그릇을 그냥 물같이 들이켜고 말았다. 셋째 그릇을 받아 들었을 제 데우던 막걸리 곱배기 두 잔이 더웠다. 치삼이와 같이 마시자 원원이60)

---

55) 쇠고기를 양념하여 구운 구이
56) 식용으로 다듬은 돼지고기
57) 먹음직한 음식
58) 우선. 다른 것보다 먼저
59) 미꾸라지를 삶고 갈아서 우거지 등과 함께 끓인 음식
60) 처음부터, 본래부터

비었던 속이라 찌르를 하고 창자에 퍼지며 얼굴이 화끈하였다. 눌러 곱배기 한 잔을 또 마셨다.
　김첨지의 눈은 벌써 개개풀리기61) 시작하였다. 석쇠에 얹힌 떡 두 개를 숭덩숭덩 썰어서 볼을 불룩거리며 또 곱배기 두 잔을 부어라 하였다.
　치삼은 의아한 듯이 김첨지를 보며,
　"여보게 또 붓다니, 벌써 우리가 넉 잔씩 먹었네, 돈이 사십 전일세."
라고 주의시켰다.
　"아따 이놈아, 사십 전이 그리 끔찍하냐. 오늘 내가 돈을 막 벌었어. 참 오늘 운수가 좋았느니."
　"그래 얼마를 벌었단 말인가."
　"삼십 원을 벌었어, 삼십 원을! 이런 젠장맞을 술을 왜 안 부어…… 괜찮다 괜찮다, 막 먹어도 상관이 없어. 오늘 돈 산더미같이 벌었는데."
　"어, 이 사람 취했군, 그만두세."
　"이놈아, 그걸 먹고 취할 내냐, 어서 더 먹어."
하고는 치삼의 귀를 잡아 치며 취한 이는 부르짖었다. 그리고 술을 붓는 열다섯 살 됨직한 중대가리62)에게로 달려들며,
　"이놈, 오라질 놈63), 왜 술을 붓지 않어."
라고 야단을 쳤다. 중대가리는 희희 웃고 치삼을 보며 문의하는 듯이 눈짓을 하였다. 주정꾼이 이 눈치를 알아보고 화를 버럭 내며,
　"에미를 붙을 이 오라질 놈들 같으니, 이놈 내가 돈이 없을 줄

---

61) 술에 취하거나 잠이 와서 눈빛이 흐려지다
62) 머리를 빡빡 깎은 사람을 중에 빗대어 낮춰 부르는 말
63) 오라(죄인을 포박하는 줄)에 묶이는 짓을 당할 놈

알고."

하자마자 허리춤을 훔칫훔칫하더니 일 원짜리 한 장을 꺼내어 중대가리 앞에 펄쩍 집어던졌다. 그 사품64)에 몇 푼 은전이 잘그랑하며 떨어진다.

"여보게 돈 떨어졌네, 왜 돈을 막 끼얹나."

이런 말을 하며 일변 돈을 줍는다. 김첨지는 취한 중에도 돈의 거처를 살피는 듯이 눈을 크게 떠서 땅을 내려다보다가 불시에 제 하는 짓이 너무 더럽다는 듯이 고개를 소스라치자 더욱 성을 내며,

"봐라 봐! 이 더러운 놈들아, 내가 돈이 없나, 다리뼉다구를 꺾어 놓을 놈들 같으니."

하고 치삼의 주워 주는 돈을 받아,

"이 원수엣돈! 이 육시를 할 돈!"

하면서 풀매질65)을 친다. 벽에 맞아 떨어진 돈은 다시 술 끓이는 양푼에 떨어지며 정당한 매를 맞는다는 듯이 쨍 하고 울었다.

곱배기 두 잔은 또 부어질 겨를도 없이 말려 가고 말았다. 김첨지는 입술과 수염에 붙은 술을 빨아들이고 나서 매우 만족한 듯이 그 술잎 송이 수염을 쓰다듬으며,

"또 부어, 또 부어."

라고 외쳤다.

또 한 잔 먹고 나서 김첨지는 치삼의 어깨를 치며 문득 껄껄 웃는다. 그 웃음소리가 어떻게 컸던지 술집에 있는 이의 눈은 모두 김첨지에게로 몰리었다. 웃는 이는 더욱 웃으며,

"여보게 치삼이, 내 우스운 이야기 하나 할까. 오늘 손을 태고 정거장에 가지 않았겠나."

---

64) 어떤 일이 진행되는 모양
65) 돌 등 단단한 것을 힘껏 던지는 행동. 팔매질.

"그래서."

"갔다가 그저 오기가 안됐데그려. 그래 전차 정류장에서 어름어름하며 손님 하나를 태울 궁리를 하지 않나. 거기 마침 마마님이신지 여학생이신지 (요새야 어디 논다니66)와 아가씨를 구별할 수가 있던가) 망토를 잡수시고 비를 맞고 서 있겠지. 슬근슬근 가까이 가서 인력거 타시랍시오 하고 손가방을 받으랴니까 내 손을 탁 뿌리치고 홱 돌아서더니만 '왜 남을 이렇게 귀찮게 굴어!' 그 소리야말로 꾀꼬리 소리지, 허허!"

김첨지는 교묘하게도 정말 꾀꼬리 같은 소리를 내었다. 모든 사람은 일시에 웃었다.

"빌어먹을 깍쟁이 같은 년, 누가 저를 어쩌나, '왜 남을 귀찮게 굴어!' 어이구 소리가 처신도 없지, 허허."

웃음소리들은 높아졌다. 그러나 그 웃음소리들이 사라도 지기 전에 김첨지는 훌쩍훌쩍 울기 시작하였다.

치삼은 어이없이 주정뱅이를 바라보며,

"금방 웃고 지랄을 하더니 우는 건 또 무슨 일인가."

김첨지는 연해 코를 들이마시며,

"우리 마누라가 죽었다네."

"뭐, 마누라가 죽다니, 언제?"

"이놈아 언제는, 오늘이지."

"엣기 미친놈, 거짓말 말아."

"거짓말은 왜, 참말로 죽었어, 참말로…… 마누라 시체를 집에 뻐들쳐 놓고 내가 술을 먹다니, 내가 죽일 놈이야, 죽일 놈이야."

하고 김첨지는 엉엉 소리를 내어 운다.

치삼은 흥이 조금 깨어지는 얼굴로,

---

66) 몸과 웃음을 헤프게 파는 여자를 속되게 이르는 말

"원 이 사람이, 참말을 하나 거짓말을 하나. 그러면 집으로 가세, 가."
하고 우는 이의 팔을 잡아당기었다.
치삼의 끄는 손을 뿌리치더니 김첨지는 눈물이 글썽글썽한 눈으로 싱그레 웃는다.
"죽기는 누가 죽어."
하고 득의가 양양.
"죽기는 왜 죽어, 생때같이67) 살아만 있단다. 그 오라질 년이 밥을 죽이지. 인제 나한테 속았다."
하고 어린애 모양으로 손뼉을 치며 웃는다.
"이 사람이 정말 미쳤단 말인가. 나도 아주먼네가 앓는단 말은 들었는데."
하고 치삼이도 어느 불안을 느끼는 듯이 김첨지에게 또 돌아가라고 권하였다.
"안 죽었어, 안 죽었대도 그래."
김첨지는 화증을 내며 확신 있게 소리를 질렀으되 그 소리엔 안 죽은 것을 믿으려고 애쓰는 가락이 있었다. 기어이 일 원 어치를 채워서 곱배기68) 한 잔씩 더 먹고 나왔다. 궂은비는 의연히 추적추적 내린다.
김첨지는 취중에도 설렁탕을 사가지고 집에 다다랐다. 집이라 해도 물론셋집이요 또 집 전체를 세든 게 아니라 안과 뚝 떨어진 행랑방 한 간을 빌려 든 것인데 물을 길어 대고 한 달에 일 원씩 내는 터이다. 만일 김첨지가 주기(술 마신 기운)를 띠지 않았던들 한 발을 대문에 들여놓았을 제 그곳을 지배하는 무시무시한 정적

---
67) 아무 문제없이 멀쩡하게
68) 보통 음식보다 양을 두 배로 담은 먹을거리

— 폭풍우가 지나간 뒤의 바다 같은 정적이 다리가 떨렸으리라.

쿨룩거리는 기침 소리도 들을 수 없다. 그르렁거리는 숨소리조차 들을 수 없다. 다만 이 무덤 같은 침묵을 깨뜨리는 — 깨뜨린다느니보다 한층 더 침묵을 깊게 하고 불길하게 하는 빡빡 하는 그윽한 소리, 어린애의 젖 빠는 소리가 날 뿐이다. 만일 청각이 예민한 이 같으면 그 빡빡소리는 빨 따름이요, 꿀떡꿀떡 하고 젖 넘어가는 소리가 없으니 빈 젖을 빤다는 것도 짐작할는지 모르리라.

혹은 김첨지도 이 불길한 침묵을 짐작했는지도 모른다. 그렇지 않으면 대문에 들어서자마자 전에 없이,

"이 난장맞을 년, 남편이 들어오는데 나와 보지도 않아, 이 오라질 년."

이라고 고함을 친 게 수상하다. 이 고함이야말로 제 몸을 엄습해 오는 무시무시한 증을 쫓아 버리려는 허장성세69)인 까닭이다.

하여간 김첨지는 방문을 왈칵 열었다. 구역을 나게 하는 추기 — 떨어진 삿자리70) 밑에서 나온 먼지내 빨지 않은 기저귀에서 나는 똥내와 오줌내 가지각색 때가 켜켜이 앉은 옷내 병인의 땀 썩은 내가 섞인 추기71)가 무딘 김첨지의 코를 찔렀다.

방 안에 들어서며 설렁탕을 한구석에 놓을 사이도 없이 주정꾼은 목청을 있는 대로 다 내어 호통을 쳤다.

"……."

"이런 오라질 년, 주야장천72) 누워만 있으면 제일이야. 남편이 와도 일어나지를 못해."

---

69) 실제에 비해 훨씬 과장된 동작으로 자신를 뽐냄.
70) 갈대로 엮어서 만든 자리
71) 송장이 썩어서 흐르는 물
72) 밤낮 쉬지 않고

라는 소리와 함께 발길로 누운 이의 다리를 몹시 찼다. 그러나 발길에 채이는 건 사람의 살이 아니고 나무등걸과 같은 느낌이 있었다. 이때에 빽빽 소리가 응아 소리로 변하였다. 개똥이가 물었던 젖을 빼어 놓고 운다. 운대도 온 얼굴을 찡그려 붙여서 운다는 표정을 할 뿐이다. 응아 소리도 입에서 나는 게 아니고 마치 뱃속에서 나는 듯하였다. 울다가 울다가 목도 잠겼고 또 울 기운조차 시진한73) 것 같다.

발로 차도 그 보람이 없는 걸 보자 남편은 아내의 머리맡74)으로 달려들어 그야말로 까치집 같은 환자의 머리를 꺼들어 흔들며,
"이년아, 말을 해, 말을! 입이 붙었어, 이 오라질 년!"
"……."
"으응, 이것 봐, 아무 말이 없네."
"……."
"이년아, 죽었단 말이냐, 왜 말이 없어."
"……."
"으응, 또 대답이 없네. 정말 죽었나 버이."
이러다가 누운 이의 흰 창을 덮은 위로 치뜬 눈을 알아보자마자,
"이 눈깔! 이 눈깔! 왜 나를 바라보지 못하고 천장만 보느냐, 응."
하는 말 끝엔 목이 메었다. 그러자 산 사람의 눈에서 떨어진 닭의 똥 같은 눈물이 죽은 이의 뻣뻣한 얼굴을 어룽어룽 적시었다. 문득 김첨지는 미친 듯이 제 얼굴을 죽은 이의 얼굴에 한데 비비대며 중얼거렸다.
"설렁탕을 사다 놓았는데 왜 먹지를 못하니, 왜 먹지를 못하니…… 괴상하게도 오늘은! 운수가, 좋더니만……." (1925년 발표)

---

73) 시진하다 : 기운이 빠져서 없어지다.

74) 머리에 바짝 붙은 지점

술 권하는 사회

"아이그, 아야!"

홀로 바느질을 하고 있던 아내는 얼굴을 살짝 찌푸리고 가늘고 날카로운 소리로 부르짖었다. 바늘 끝이 왼손 엄지손가락 손톱 밑을 찔렀음이다. 그 손가락은 가늘게 떨고 하얀 손톱 밑으로 앵두빛 같은 피가 비친다.

그것을 볼 사이도 없이 아내는 얼른 바늘을 빼고 다른 손 엄지손가락으로 그 상처를 누르고 있다. 그러면서 하던 일가지를 팔꿈치로 고이고이 밀어 내려놓았다. 이윽고 눌렀던 손을 떼어보았다. 그 언저리는 인제 다시 피가 아니 나려는 것처럼 혈색이 없다 하더니, 그 희던 꺼풀 밑에 다시금 꽃물이 차츰차츰 밀려온다.

보일 듯 말 듯한 그 상처로부터 좁쌀 낟[1] 같은 핏방울이 송송 솟는다. 또 아니 누를 수 없다. 이만하면 그 구멍이 아물었으려니 하고 손을 떼면 또 얼마 아니 되어 피가 비치어 나온다.

인제 헝겊 오락지[2]로 처매는 수밖에 없다. 그 상처를 누른 채 그는 바느질고리[3]에 눈을 주었다. 거기 쓸 만한 오락지는 실패[4] 밑에 있다. 그 실패를 밀어내고 그 오락지를 두 새끼손가락 사이에 집어 올리려고 한동안 애를 썼다. 그 오락지는 마치 풀로 붙여

---

1) 곡식의 알갱이
2) 실이나 헝겊 등의 가늘고 긴 조각으로, 오라기의 사투리
3) 바늘, 실, 골무, 가위, 자 등 바느질 도구를 담는 그릇
4) 실을 감아 두는 물건

둔 것같이 고리 밑에 착 달라붙어 세상 집혀지지 않는다. 그 두 손가락은 헛되이 그 오락지 위를 긁적거리고 있을 뿐이다.

"왜 집혀지지를 않아!"

그는 마침내 울듯이 부르짖었다. 그리고 그것을 집어줄 사람이 없나 하는 듯이 방안을 둘러보았다. 방안은 텅 비어 있다. 어느 뉘 하나 없다. 호젓한 허영虛影5)만 그를 휩싸고 있다.

바깥도 죽은 듯이 고요하다. 시시로 퐁퐁 하고 떨어지는 수도의 물방울 소리가 쓸쓸하게 들릴 뿐.

문득 전등불이 광채를 더하는 듯하였다. 벽상壁上6)에 걸린 괘종 掛鍾7)의 거울이 번들하며, 새로 한 점8)을 가리키려는 시침時針9)이 위협하는 듯이 그의 눈을 쏜다. 그의 남편은 그때껏 돌아오지 않았다.

아내가 되고 남편이 된 지는 벌써 오랜 일이다. 어느덧 칠팔 년이 지났으리라. 하건만 같이 있어본 날을 헤아리면 단 일 년이 될락 말락 한다. 막 그의 남편이 서울서 중학을 마쳤을 제 그와 결혼하였고, 그러자 마자 고만 동경10)에 부급負笈11)한 까닭이다.

---

5) 헛된 그림자. 방 안에 이런저런 그림자들이 있지만, 쓸 만한 오락지를 집어 줄 그림자가 있을 리 없다. 그래서 작자는 '헛된' 그림자로 표현하고 있다.

6) 벽 높은 지점

7) 좌우로 왔다 갔다 하는 무거운 추가 움직여 각 시각마다 종소리를 내는 시계

8) 새로 한 점 : 새벽 1시

9) 시곗바늘

10) 일본의 수도 도쿄東京

11) 본래 뜻은 '책 보따리를 짊어지다'는 의미인데, 여기서는 '유학

거기서 대학까지 졸업을 하였다. 이 길고 긴 세월에 아내는 얼마나 괴로웠으며 외로웠으랴! 봄이면 봄, 겨울이면 겨울, 웃는 꽃을 한숨으로 맞았고, 얼음 같은 베개를 뜨거운 눈물로 덥히었다. 몸이 아플 때, 마음이 쓸쓸할 제, 얼마나 그가 그리웠으랴!

하건만 아내는 이 모든 고생을 이를 악물고 참았었다. 참을 뿐이 아니라 달게 받았었다. '남편이 돌아오기만 하면(!)' 하는 생각이 그에게 위로를 주고 용기를 준 까닭이었다.

남편이 동경에서 무엇을 하고 있나? 공부를 하고 있다. 공부가 무엇인가? 자세히 모른다. 또 알려고 애쓸 필요도 없다. 어찌하였든지 이 세상에 제일 좋고 제일 귀한 무엇이라 한다. 마치 옛날이야기에 있는 도깨비의 부자 방망이 같은 것이어니 한다.

옷 나오라면 옷 나오고, 밥 나오라면 밥 나오고, 돈 나오라면 돈 나오고 … 저 하고 싶은 무엇이든지 청해서 아니 되는 것이 없는 무엇을, 동경에서 얻어 가지고 나오려니 하였었다. 가끔 놀러오는 친척들이 비단옷 입은 것과 금지환金指環12) 낀 것을 볼 때에 그 당장엔 마음 그윽이 부러워도 하였지만 나중엔,

'남편이 돌아오면!'

하고 그것에 경멸하는 시선을 던지었다.

남편이 돌아왔다. 한 달이 지나가고 두 달이 지나간다. 남편의 하는 행동이 자기가 기대하던 바와 조금 배치되는 듯하였다. 공부 아니 한 사람보다 조금도 다른 것이 없었다. 아니다, 다르다면 다른 점도 있다. 남은 돈벌이를 하는데 그의 남편은 도리어 집안 돈을 쓴다. 그러면서도 어디인지 분주히 돌아다닌다. 집에 들면 정신없이 무슨 책을 보기도 하고, 또는 밤새도록 무엇을 쓰기도 하였다.

을 가다'로 쓰였다.

12) 금반지, 금가락지

'저러는 것이 참말 부자 방망이를 맨드는 것인가 보다.'

아내는 스스로 이렇게 해석한다.

또 두어 달 지나갔다. 남편의 하는 일은 늘 한 모양이었다. 한 가지 더한 것은 때때로 깊은 한숨을 쉬는 것뿐이었다. 그리고 무슨 근심이 있는 듯이 얼굴을 펴지 않았다. 몸은 나날이 축이 나 간다.

'무슨 걱정이 있는고?'

아내는 따라서 근심을 하게 되었다. 하고는 그 여윈 것을 보충하려고 갖가지로 애를 썼다. 곧 될 수 있는 대로 그의 밥상에 맛난 반찬가지를 붙게13) 하며, 또 곰14) 같은 것도 만들었다. 그런 보람도 없이 남편은 입맛이 없다 하며 그것을 잘 먹지도 않았다.

또 몇 달이 지나갔다. 인제 출입을 뚝 끊고 늘 집에 붙어있다. 걸핏하면 성을 낸다. 입버릇 모양으로 화난다, 화난다 하였다.

어느 날 새벽, 아내가 어렴풋이 잠을 깨어, 남편의 누웠던 자리를 더듬어보았다. 쥐이는 것은 이불자락뿐이다. 잠결에도 조금 실망을 아니 느낄 수 없었다. 잃은 것을 찾으려는 것처럼, 눈을 부스스 떴다. 책상 위에 머리를 쓰러뜨리고 두 손으로 그것을 움켜쥐고 있는 남편을 보았다. 흐릿한 의식이 돌아옴에 따라, 남편의 어깨가 들썩들썩 움직임도 깨달았다. 흑 흑 느끼는 소리가 귀를 울

---

13) 반찬의 종류가 많아지게

14) 먹을거리를 물에 넣고 오랫동안 고아서 만든 음식. 소의 창자 끝에 달린 기름기 많은 곤자소니 부위, 소의 가슴살인 양지머리, 허벅지 뒤쪽 살인 사태 그리고 뼈 등을 넣고 오래 곤 국을 곰탕이라 한다. 즉 곰탕은 고깃국물이다. 현진건 소설 〈운수 좋은 날〉에 나오는 설렁탕은 다리의 뼈인 사골, 무릎 관절을 이루는 도가니뼈, 기타 잡뼈 등에 소의 허파, 혀, 그 외 양지머리와 사태 등을 넣어 끓인 '뼈 국물'이다. 국물은 일반적으로 설렁탕은 뽀얗고 곰탕은 맑다.

린다. 아내는 정신을 바짝 차리었다. 불현듯이 몸을 일으켰다. 이윽고 아내의 손은 가볍게 남편의 등을 흔들며 목에 걸리고 나오지 않는 소리로,

"왜 이러고 계셔요."
라고 물어보았다.

"…."

남편은 아무 대답이 없다. 아내는 손으로 남편의 얼굴을 괴어 들려고 할 즈음에, 그것이 뜨뜻하게 눈물에 젖는 것을 깨달았다.

또 한 두어 달 지나갔다. 처음처럼 다시 출입이 자주로웠다. 구역이 날 듯한 술 냄새가 밤늦게 돌아오는 남편의 입에서 나게 되었다. 그것은 요사이 일이다. 오늘 밤에도 지금까지 돌아오지 않았다.

초저녁부터 아내는 별별 생각을 다하면서 남편을 고대고대하고 있었다. 지리한 시간을 속히 보내려고 치웠던 일가지를 또 꺼내었다. 그것조차 뜻같이 아니 되었다. 때때로 바늘이 헛되이 움직이었다. 마침내 그것에 찔리고 말았다.

"어데를 가서 이때껏 오시지 않아!"

아내는 이제 아픈 것도 잊어버리고 짜증을 내었다. 잠깐 그를 떠났던 공상과 환영이 다시금 그의 머리에 떠돌기 시작하였다.

이상한 꽃을 수놓은, 흰 보 위에 맛난 요리를 담은 접시가 번쩍인다. 여러 친구와 술을 권커니 잡거니 하는 광경이 보인다. 어떤 기생년이 애교가 흐르는 웃음을 띠고 살근살근 제 남편에게로 다가드는 꼴이 보인다.

그의 남편은 미친 듯이 껄껄 웃는다. 나중에는 검은 휘장이 스르르 하는 듯이 그 모든 것이 사라져 버리더니 낭자한 요리상만이 보이기도 하고, 술병만 희게 빛나기도 하고, 아까 그 기생이 한 팔로 땅을 짚고 진저리를 쳐가며 웃는 꼴이 보이기도 하였다. 또한

남편이 길바닥에 쓰러져 우는 것도 보이었다.
"문 열어라!"
문득 대문이 덜컥 하고, 혀가 꼬부라진 소리로 부르는 듯했다.
"네."
저도 모르게 대답을 하고 급히 마루로 나왔다. 잘못 신은, 발에 아니 맞는 신을 질질 끌면서 대문으로 달렸다. 중문은 아직 잠그지도 않았고 행랑방에 사람이 없지 않지마는, 으레 깊은 잠에 떨어졌을 줄 알고 뛰어나감이었다. 가느름한 손이 어둠 속에서 희게 빗장을 잡고 한참 실랑이를 한다. 대문은 열렸다.
밤바람이 선득하게 얼굴에 안친다. 문 밖에는 아무도 없다!
온 골목에 사람의 그림자도 볼 수 없다. 검푸른 밤빛이 허연 길 위에 그물그물 깃들었을 뿐이었다.
아내는 무엇에 놀란 사람 모양으로 한참 멀거니 서 있었다. 문득 급거히15) 대문이 닫친다. 마치 그 열린 사이로 악마나 들어올 것처럼.
"그러면 바람 소리였구먼."
하고 싸늘한 뺨을 쓰다듬으며 해쭉 웃고 발길을 돌리었다.
"아니 내가 분명히 들었는데 … 혹 내가 잘못 보지를 않았나?… 길바닥에나 쓰러져 있었으면 보이지도 않을 터야 …."
중간문까지 다다르자 별안간 이런 생각이 그의 걸음을 멈추게 하였다.
"대문을 또 좀 열어볼까?… 아니야, 내가 헛들었지. 그래도 혹 … 아니야, 내가 헛들었지."
망설거리면서도 꿈꾸는 사람 모양으로, 저도 모를 사이에 마루까지 올라왔다. 매우 기묘한 생각이 번개같이 그의 머리에 번쩍인다.

---

15) 몹시 서둘러서

'내가 대문을 열었을 제 나 몰래 들어오지나 않았나?…'

과연 방 안에 무슨 소리가 나는 것 같았다. 확실히 사람의 기척이 있다. 어른에게 꾸중 모시러 가는 어린애처럼 조심조심 방문 앞에 왔다. 그리고 문간 아래로 손을 대며 하염없이 웃는다. 그것은 제 잘못을 용서해 줍시사 하는 어린애 같은 웃음이었다. 조심조심 방문을 열었다. 이불이 어째 움직움직하는 듯하였다.

"나를 속이려고 이불을 쓰고 누웠구먼."

하고 마음속으로 소곤거렸다. 가만히 내려앉는다. 그 모양이 이것을 건드려서는 큰일이 나지요 하는 듯하였다. 이불을 펄쩍 쳐들었다. 빈 요가 하얗게 드러난다. 그제야 확실히 아니 온 줄 안 것처럼,

"아니 왔구먼, 안 왔어!"

라고 울듯이 부르짖었다.

남편이 돌아오기는 새로 두 점이 훨씬 지난 뒤였다. 무엇이 털썩하는 소리가 들리고 잇달아,

"아씨, 아씨!"

라고 부르는 소리가 귀를 때릴 때에야 아내는 비로소 아직도 앉았을 자기가 이불 위에 쓰러져 있음을 깨달았다. 기실, 잠귀 어두운 할멈이 대문을 열었으리만큼 아내는 깜박 잠이 깊이 들었었다. 하건만 그는 몽경夢境(꿈속)에서 방황하는 정신을 당장에 수습하였다. 두어 번 얼굴을 쓰다듬자마자 불현듯 밖으로 나왔다.

남편은 한 다리를 마루 끝에 걸치고 한 팔을 베고 옆으로 누워 있다. 숨소리가 씨근씨근 한다.

막 구두를 벗기고 일어나 할멈은 검붉은 상을 찡그려 붙이며,

"어서 일어나 방으로 들어가세요."

라고 한다.

"응, 일어나지."

'나리'는 혀를 억지로 돌리어 코와 입으로 대답을 하였다. 그래도 몸은 꿈적도 않는다. 도리어 그 개개풀린 눈을 자려는 것처럼 스르르 감는다. 아내는 눈만 비비고 서 있다.

"어서 일어나셔요. 방으로 들어가시라니까."

이번에는 대답조차 아니 한다. 그 대신 무엇을 잡으려는 것처럼 손을 내어젓더니,

"물, 물, 냉수를 좀 주어."

라고 중얼거렸다.

할멈은 얼른 물을 떠다 이취자(泥醉者)16)의 코밑에 놓았건만, 그 사이에 벌써 아까 청을 잊은 것같이 취한 이는 물을 먹으려고도 않는다.

"왜 물을 아니 잡수셔요."

곁에서 할멈이 깨우쳤다.

"응 먹지 먹어."

하고, 그제야 주인은 한 팔을 짚고 고개를 든다. 한꺼번에 물 한 대접을 다 들이켜 버렸다. 그리고는 또 쓰러진다.

"에그, 또 눕네."

하고, 할멈은 우물로 기어드는 어린애를 안으려는 모양으로 두 손을 내어민다.

"할멈은 고만 가 자게."

주인은 귀치않다는 듯이 말을 한다.

이를 어찌해, 하는 듯이 멀거니 서 있는 아내도, 할멈이 고만 갔으면 하였다. 남편을 붙들어 일으킬 생각이야 간절하였지마는, 할멈이 보는데, 어찌 그럴 수 없는 것 같았다. 혼인한 지가 칠팔 년이 되었으니 그런 파수(破羞)17)야 되었으련만 같이 있어본 날을

---

16) 진흙처럼 취한 사람, 즉 곤드레만드레 취한 사람

꼽아보면, 그는 아직 갓 시집온 색시였다.

"할멈은 가 자게."

란 말이 목까지 올라왔지만 입술에서 사라지고 말았다. 마음 그윽이 할멈이 돌아가기만 기다릴 뿐이었다.

"좀 일으켜드려야지."

가기는커녕, 이런 말을 하고, 할멈은 선웃음을 치면서 마루로 부득부득 올라온다. 그 모양은, 마치 주인 나리가 약주가 취하시거든, 방에까지 모셔다드려야 제 도리에 옳지요, 하는 듯하였다.

"자아, 자아."

할멈은 아씨를 보고 히히 웃어가며, 나리의 등 밑으로 손을 넣는다.

"왜 이래, 왜 이래. 내가 일어날 테야."

하고, 몸을 움직이더니, 정말 주인이 부스스 일어난다. 마루를 쾅쾅 눌러 디디며, 비틀비틀, 곧 쓰러질 듯한 보조로 방문을 향하여 걸어간다. 와직끈하며 문을 열어젖히고는 방안으로 들어간다. 아내도 뒤따라 들어왔다. 할멈은 중문 턱을 넘어설 제, 몇 번 혀를 차고는, 저 갈 데로 가버렸다.

벽에 엇비슷하게 기대서 있는 남편은 무엇을 생각하는 듯이 고개를 숙이고 있다. 그의 말라붙은 관자놀이에 펄떡거리는 푸른 맥을 아내는 걱정스럽게 바라보면서 남편 곁으로 다가온다. 아내의 한 손은 양복 깃을, 또 한 손은 그 소매를 잡으며 화한 목성으로,

"자아, 벗으셔요"

하였다.

남편은 문득 미끄러지는 듯이 벽을 타고 내려앉는다. 그의 쭉 뻗친 발끝에 이불자락이 저리로 밀려간다.

---

17) 부끄러움이 없어지는 일

"에그, 왜 이리 하셔요. 벗자는 옷은 아니 벗으시고."

그 서슬에 넘어질 뻔한 아내는 애달프게 부르짖었다. 그러면서도 같이 따라 앉는다. 그의 손은 또 옷을 잡았다.

"옷이 구겨집니다. 제발 좀 벗으셔요."

라고 아내는 애원을 하며 옷을 벗기려고 애를 쓴다. 하나, 취한 이의 등이 천근같이18) 벽에 척 들어붙었으니 벗겨질 리가 없다. 애를 쓰다 쓰다 옷을 놓고 물러앉으며,

"원 참, 누가 술을 이처럼 권하였노."

라고 짜증을 낸다.

"누가 권하였노? 누가 권하였노? 흥 흥."

남편은 그 말이 몹시 귀에 거슬리는 것처럼 곱삶는다19).

"그래, 누가 권했는지 마누라가 좀 알아내겠소?"

하고 껄껄 웃는다. 그것은 절망의 가락을 띤, 쓸쓸한 웃음이었다. 아내도 따라 방긋 웃고는 또 옷을 잡으며,

"자아, 옷이나 먼저 벗으셔요. 이야기는 나중에 하지요. 오늘 밤에 잘 주무시면 내일 아침에 알려 드리지요."

"무슨 말이야, 무슨 말이야. 왜 오늘 일을 내일로 미루어. 할 말이 있거든 지금 해!"

"지금은 약주가 취하셨으니, 내일 약주가 깨시거든 하지요."

"무엇? 약주가 취해서?"

하고 고개를 절레절레 흔들며,

"천만에, 누가 술이 취했단 말이요. 내가 공연히 이러지, 정신은 말똥말똥하오. 꼭 이야기하기 좋을 만해. 무슨 말이든지… 자아."

---

18) 매우 무겁게. 한 근斤이 600g이므로 1000근은 600kg이다.

19) 두 번 거듭하여 삶다. 갑절은 수량이나 분량을 두 번 합한 것을 가리킨다. 곱절은 두 곱절, 세 곱절 식으로 쓴다.

"글쎄, 왜 못 잡수시는 약주를 잡수셔요. 그러면 몸에 축이나지 않아요."

하고 아내는 남편의 이마에 흐르는 진땀을 씻는다.

이취자는 머리를 흔들며,

"아니야, 아니야, 그런 말을 듣자는 것이 아니야."

하고 아까 일을 추상[20]하는 것처럼, 말을 끊었다가 다시금 말을 이어,

"옳지, 누가 나에게 술을 권했단 말이요? 내가 술이 먹고 싶어서 먹었단 말이요?"

"자시고 싶어 잡수신 건 아니지요. 누가 당신께 약주를 권하는지 내가 알아낼까요? 저… 첫째는 화증[21]이 술을 권하고, 둘째는 '하이칼라'[22]가 약주를 권하지요."

아내는 살짝 웃는다. 내가 어지간히 알아 맞췄지요 하는 모양이었다. 남편은 고소苦笑[23]한다.

"틀렸소, 잘못 알았소. 화증이 술을 권하는 것도 아니고, '하이칼라'가 술을 권하는 것도 아니요. 나에게 권하는 것은 따로 있어. 마누라가, 내가 어떤 '하이칼라'한테나 홀려 다니거나, 그 '하이칼라'가 늘 내게 술을 권하거니 하고 근심을 했으면 그것은 헛걱정이지. 나에게 '하이칼라'는 아무 소용도 없소 나의 소용은 술뿐이요. 술이 창자를 휘돌아, 이것저것을 잊게 맨드는 것을 나는 취할

---

20) 지나간 일을 돌이켜 생각함.
21) 벌컥 화를 내는 병적인 심리 상태
22) 양복 상의 안에 입는 와이셔츠 둘레의 높은 깃. 여기서는 와이셔츠를 입고 일하는 사람, 즉 지식인노동자를 의미하는 white collar를 가리킨다. 육체노동자는 blue collar라 한다.
23) 쓴웃음

뿐이요."

하더니, 홀연 어조를 고쳐 감개무량하게,

"아아, 유위유망有爲有望[24]한 머리를 '알코올'로 마비 아니 시킬 수 없게 하는 그것이 무엇이란 말이요."

하고, 긴 한숨을 내어쉰다. 물큰물큰한 술 냄새가 방안에 흩어진다.

아내에게는 그 말이 너무 어려웠다. 고만 묵묵히 입을 다물었다. 눈에 보이지 않는 무슨 벽이 자기와 남편 사이에 깔리는 듯하였다. 남편의 말이 길어질 때마다 아내는 이런 쓰디쓴 경험을 맛보았다. 이런 일은 한두 번이 아니었다.

이윽고 남편은 기막힌 듯이 웃는다.

"흥, 또 못 알아듣는군. 묻는 내가 그르지, 마누라야 그런 말을 알 수 있겠소? 내가 설명해 드리지. 자세히 들어요. 내게 술을 권하는 것은 화증도 아니고 '하이칼라'도 아니요, 이 사회란 것이 내게 술을 권한다오. 이 조선사회란 것이 내게 술을 권한다오. 알았소? 팔자가 좋아서 조선에 태어났지, 딴 나라에 났더면 술이나 얻어먹을 수 있나 …."

사회란 무엇인가? 아내는 또 알 수가 없었다. 어찌하였든 딴 나라에는 없고 조선에만 있는 요릿집 이름이어니 한다.

"조선에 있어도 아니 다니면 그만이지요."

남편은 또 아까 웃음을 재우친다. 술이 정말 아니 취한 것같이 또렷또렷한 어조로,

"허허, 기막혀. 그 한 분자分子[25]된 이상에야 다니고 아니 다니는 게 무슨 상관이야. 집에 있으면 아니 권하고, 밖에 나가야 권하는 줄 아는가 보아? 그런 게 아니야. 무슨 사회란 사람이 있어서,

---

24) 유능하고, 앞날에 잘 될 수 있는
25) 사회 구성원

밖에만 나가면 나를 꼭 붙들고 술을 권하는 게 아니야 … 무어라 할까 … 저 우리 조선 사람으로 성립된 이 사회란 것이, 내게 술을 아니 못 먹게 한단 말이요 ….

어째 그렇소?… 또 내가 설명을 해드리지. 여기 회會26)를 하나 꾸민다 합시다. 거기 모이는 사람 놈 치고 처음은 민족을 위하느니, 사회를 위하느니 그러는데, 제 목숨을 바쳐도 아깝지 않으니 아니하는 놈이 하나도 없어. 하다가, 단 이틀이 못되어, 단 이틀이 못되어 ….”

한층 소리를 높이며 손가락을 하나씩 둘씩 꼽으며,

“되지 못한 명예 싸움, 쓸데없는 지위 다툼질, 내가 옳으니 네가 그르니, 내 권리가 많으니 네 권리 적으니 … 밤낮으로 서로 찢고 뜯고 하지, 그러니 무슨 일이 되겠소? 회뿐이 아니라, 회사이고 조합이고 … 우리 조선 놈들이 조직한 사회는 다 그 조각이지.

이런 사회에서 무슨 일을 한단 말이요. 하려는 놈이 어리석은 놈이야. 적이 정신이 바루 박힌 놈은 피를 토하고 죽을 수밖에 없지. 그렇지 않으면 술밖에 먹을 게 도무지 없지.

나도 전자에는 무엇을 좀 해보겠다고 애도 써보았어. 그것이 모다 수포야. 내가 어리석은 놈이었지.

내가 술을 먹고 싶어 먹는 게 아니야. 요사이는 좀 낫지마는 처음 배울 때에는 마누라도 아다시피 죽을 애를 썼지. 그 먹고 난 뒤에 괴로운 것이야 겪어본 사람이 아니면 알 수 없지. 머리가 지끈지끈 아프고 먹은 것이 다 돌아 올라오고 … 그래도 아니 먹은 것보담 나았어. 몸은 괴로워도 마음은 괴롭지 않았으니까. 그저 이 사회에서 할 것은 주정군 노릇밖에 없어 ….”

“공연히 그런 말 말아요. 무슨 노릇을 못해서 주정꾼 노릇을 해

---

26) 모임, 단체

요! 남이라서 …."

아내는 부지불식간不知不識間에[27] 흥분이 되어 열기 있는 눈으로 남편을 바라보고 불쑥 이런 말을 하였다. 그는 제 남편이 이 세상에서 가장 거룩한 사람이어니 한다. 따라서 어느 뉘보다 제일 잘 될 줄 믿는다. 몽롱하나마 그의 목적이 원대하고 고상한 것도 알았다.

얌전하던 그가 술을 먹게 된 것은 무슨 일이 맘대로 아니 되어 화풀이로 그러는 줄도 어렴풋이 깨달았다. 그러나 술은 노상 먹을 것이 아니다. 그러면 패가망신하고 만다. 그러므로 하루바삐 그 화가 풀리었으면, 또다시 얌전하게 되었으면 하는 생각이 그의 머리를 떠날 때가 없었다.

그리고 그날이 꼭 올 줄 믿었다. 오늘부터는, 내일부터는… 하건만, 남편은 어제도 술이 취하였다. 오늘도 한[28] 모양이다. 자기의 기대는 나날이 틀려간다. 좇아서[29] 기대에 대한 자신도 엷어간다. 애닯고 원寃한[30] 생각이 가끔 그의 가슴을 누른다. 더구나 수척해가는 남편의 얼굴을 볼 때에 그런 감정을 걷잡을 수 없었다. 지금 저도 모르게 흥분한 것이 또한 무리가 아니었다.

"그래도 못 알아듣네그려. 참, 사람 기막혀. 본정신 가지고는 피를 토하고 죽든지, 물에 빠져 죽든지 하지, 하루라도 살 수가 없단 말이야. 흉장胸膓[31]이 막혀서 못 산단 말이야. 에엣, 가슴 답답해."
라고 남편은 소리를 지르고 괴로워서 못 견디는 것처럼 얼굴을 찌

---

27) 미처 알지도 깨닫지도 못하는 사이에
28) 같은
29) 덩달아서, 따라서
30) 원통한
31) 가슴과 창자

푸리며 미친 듯이 제 가슴을 쥐어뜯는다.

"술 아니 먹는다고 흉장이 막혀요?"

남편의 하는 짓은 본체만체 하고 아내는 얼굴을 더욱 붉히며 부르짖었다.

그 말에 몹시 놀랜 것처럼 남편은 어이없이 아내의 얼굴을 바라보더니 그 다음 순간에는 말할 수 없는 고뇌의 그림자가 그의 눈을 거쳐 간다.

"그르지, 내가 그르지. 너 같은 숙맥더러 그런 말을 하는 내가 그르지. 너한테 조금이라도 위로를 얻으려는 내가 그르지. 후우."

스스로 탄식한다.

"아아 답답해!"

문득 기막힌 듯이, 외마디 소리를 치고는 벌떡 몸을 일으킨다. 방문을 열고 나가려 한다.

왜 내가 그런 말을 하였던고? 아내는 불시에32) 후회하였다. 남편의 저고리 뒷자락을 잡으며 안타까운 소리로,

"왜 어디로 가셔요. 이 밤중에 어디를 나가셔요. 내가 잘못하였습니다. 인제는 다시 그런 말을 아니하겠습니다 …. 그러게 내일 아침에 말을 하자니까 …."

"듣기 싫어, 놓아, 놓아요"

하고 남편은 아내를 떠다 밀치고 밖으로 나간다. 비틀비틀 마루 끝까지 가서는 털썩 주저앉아 구두를 신기 시작한다.

"에그, 왜 이리 하셔요. 인제 다시 그런 말을 아니 한 대도 …."

아내는 뒤에서, 구두 신으려는 남편의 팔을 잡으며 말을 하였다. 그의 손은 떨고 있었다. 그의 눈에는 단박에 눈물이 쏟아질 듯하였다.

---

32) 뜻하지 않은 때에, 갑자기

"이건 왜 이래, 저리로 가!"

뱉는 듯이 말을 하고 획 뿌리친다. 남편의 발길이 뚜벅뚜벅 중문에 다다랐다. 어느덧 그 밖으로 사라졌다. 대문 빗장 소리가 덜컥 하고 난다. 마루 끝에 떨어진 아내는 헛되이 몇 번,

"할멈! 할멈!"
이라고 불렀다.

고요한 밤공기를 울리는 구두 소리는 점점 멀어간다. 발자취는 어느덧 골목 끝으로 사라져버렸다. 다시금 밤은 적적히 깊어간다.

"가버렸구먼, 가버렸어!"

그 구두 소리를 영구히 아니 잃으려는 것처럼 귀를 기울이고 있는 아내는 모든 것을 잃었다 하는 듯이 부르짖었다. 그 소리가 사라짐과 함께 자기의 마음도 사라지고, 정신도 사라진 듯하였다. 심신이 텅 비어진 듯하였다. 그의 눈은 하염없이 검은 밤안개를 물끄러미 바라보고 있다. 그 사회란 독한 꼴을 그려보는 것같이.

쏠쏠한 새벽바람이 싸늘하게 가슴에 부딪친다. 그 부딪치는 서슬에 잠 못 자고 피곤한 몸이 부서질 듯이 지극하였다.

죽은 사람에게뿐, 볼 수 있는[33] 해쓱한 얼굴이 경련적으로 떨며 절망한 어조로 소곤거렸다.

"그 몹쓸 사회가, 왜 술을 권하는고!" (1921년 발표)

---

33) 죽은 사람에게뿐, 볼 수 있는 해쓱한 얼굴 : 죽은 사람에게서만 볼 수 있을 뿐 산 사람에게서는 볼 수 없는 해쓱한 얼굴

대구 독립운동유적 120곳 답사여행
제 1권 : 달서구 남구 편
- 빼앗긴고향 20호

지은이 정만진

펴낸곳 국토

엮은곳 현진건학교

펴낸날 2024년 9월 2일

연락처 전송 053.526.3144

전자우편 clean053@naver.com

ISBN 979-11-88701-56-8   03910

값 18,000원